教育情境问题



LIDESHUREN PEIGENZHUHUN

# 立德树人 培根铸魂

## ——小学教育中的“怎么看”与“怎么干”

主 编 赵璐玫 楼薇琳

黑龙江教育出版社

图书在版编目（CIP）数据

立德树人　培根铸魂：小学教育中的“怎么看”与“怎么干”/ 赵璐玫，楼薇琳主编. -- 哈尔滨：黑龙江教育出版社，2021.11
ISBN 978-7-5709-2750-0

Ⅰ. ①立… Ⅱ. ①赵… ②楼… Ⅲ. ①小学教育—教育研究 Ⅳ. ①G622.0

中国版本图书馆CIP数据核字(2021)第246324号

---

**立德树人　培根铸魂——小学教育中的“怎么看”与“怎么干”**
LIDESHURENPEIGENZHUHUN——XIAOXUEJIAOYUZHONGDE"ZENMEKAN"YU"ZENMEGAN"

赵璐玫　楼薇琳　**主编**

---

| | |
|---|---|
| **责任编辑** | 曾令欣 |
| **封面设计** | 百悦兰棠【BAIYUE LANTANG】 |
| **责任校对** | 张伟佳 |
| **出版发行** | 黑龙江教育出版社 |
| | （哈尔滨市道里区群力第六大道1305号） |
| **印　　刷** | 黑龙江艺德印刷有限责任公司 |
| **开　　本** | 787毫米×1092毫米　1/16 |
| **印　　张** | 15.5 |
| **字　　数** | 180千 |
| **版　　次** | 2021年11月第1版 |
| **印　　次** | 2021年11月第1次印刷 |

---

**书　　号**　ISBN 978-7-5709-2750-0　　　**定　　价**　68.00元

---

黑龙江教育出版社网址：www.hljep.com.cn
网络出版支持单位：东北网络台（www.dbw.cn）
如需订购图书，请与我社发行中心联系。联系电话：0451-82529593　82534665
如有印装质量问题，影响阅读请与我公司联系调换。联系电话：0451-55120170
如发现盗版图书，请向我社举报。举报电话：0451-82533087

# 编委会

# 校长的话

习近平总书记强调，教师是教育工作的中坚力量，没有高水平的师资队伍，就很难培养出高水平的创新人才，也很难产生高水平的创新成果。这一重要论述为学校履行立德树人、培根铸魂的根本任务提供了理论基础。

海淀区实验小学在创新发展的过程中，始终把教师队伍建设放在首位，把班主任队伍建设视为重中之重，把教师基本功尤其是班主任的基本功培训当作基础工程常抓不懈，持之以恒，取得了显著成果，有效提升了办学质量。继2005年学校编发了《教育情境问题100例》后，又推出了《教育情境问题100例（第二部）》即《立德树人　培根铸魂——小学教育中的“怎么看”与“怎么干”》，这是学校面对新形势，促进新发展，强化新素质的重要举措。

作为新时代的小学教师，必须在工作中坚定政治方向，贯彻党的教育方针，履行岗位职责，带头践行社会主义核心价值观，弘扬真善美，传递正能量，潜心育人，落实立德树人根本任务，遵循教育规律和学生成长规律，因材施教，教学相长，严慈相济，诲人不倦，既真心关爱学生，又严格要求学生，做学生的良师益友。教师只有为人师表，清廉从教，自重自爱，公平诚信，勤勉敬业，乐于奉献，才能赢得学生的热爱、家长的尊重。而这些职业操守，都将体现在教书育人的具体情境之中，凸显于解决一个个困扰学生全面发展、健康成长的具体问题之中。坚持守正创新，绽放教育智慧，提升综合能力，这就是我们下气力动员大家组织力量编写《教育情境问题100例（第二部）》的初衷。

教育的本质是立德树人，科学育人是教师最大的基本功。教师只有摸清学生的思想脉搏，关注他们的成长需求，才能使自己的教育方法既扎根于中华灿烂文化的沃土，又吸收国外的先进教育营养，融会贯通，兼收并蓄，与时俱进，行稳致远，才能有的放矢，入脑入心，知行合一，取得实效。

建设教育强国是中华民族伟大复兴的基础工程。“师者，人之模范也。”教师是“千教万教，教人求真”，学生是“千学万学，学做真人”。在学生眼里，老师是“吐辞为经、举足为法”，一言一行一事一办都给学生以潜移默化的影响。因此作为教师，使命感要牢固，基本功要扎实，就需要不断学习，以大视野应对新长征带来的新挑战。学然后知不足。面对教育情境中每天都在发生的新问题，我们能不能正确看，科学办，考验着我们的师德修养、专业素质、创新能力。希望大家孜孜不倦地学习、持之不懈地努力，珍惜这份光荣，爱惜这份职业，严格要求自己，不断完善自己，以精湛造诣开启学生的智慧之门，完成好传播知识、传播思想、传播真理、塑造灵魂、塑造生命、塑造新人的时代重任，慎终如始，再接再厉，善作善成。

赵璐玫

# 编者的话

2015 年学校组织力量编写了《教育情境问题 100 例》，在推动教师队伍建设，提升科学育人质量，促进班主任基本功培训方面发挥了积极作用。根据形势发展，针对教师需求，学校编写了《教育情境问题 100 例（第二部）》即《立德树人　培根铸魂——小学教育中的“怎么看”与“怎么干”》。

这本教育文集提出教育情境问题，虽然都是班主任工作中常遇常见的，但也凸显出新的特点，新的趋势，需要班主任深刻把握教育规律，在科学理念的指导下，运用理论与实践相结合的有效途径给予解答，从而将立德树人、培根铸魂的根本任务落到实处，求得实效。

编写这本文集的指导思想是：立足新时代，贯彻新理念，深入落实党的教育方针，以社会主义核心价值观为统领，把立德树人融入班主任工作实践，培根铸魂，启智润心，促进班主任队伍专业素质不断提升，培养德智体美劳全面发展的社会主义建设者和接班人。

这本文集包括师德修养、品德教育、心理辅导、个别转化、班队活动、集体建设、家校共育等七个方面共 100 余个问题。前有“校长的话”，后有“编者的话”，总的特点是：反映教育规律，体现科学育人，坚持理性思考，倡导创新精神，贴近工作实际，指导工作开展，理论深入浅出，方法注重实用，符合小学生的年龄特征和心理特点，凝聚了全校教师的教育智慧。

提出这些问题的是学校的教师，回答这些问题的也是学校的教师，因此，编写这本文集的过程就是一次调查研究的过程，一次教育科研的过程，一次实地培训的过程，一次有效提升的过程。感谢德育专家徐刚老师从策划到统稿的倾力协助。希望大家用好这本文集，将履职尽责与时代发展、社会进步、学校建设、学生成长紧密结合，从高处立，向宽处行，往实处做，培育好一代新人。

# 目录
Contents

## 第一章 师德修养

# 第二章 品德教育

53 008 小明将同学参加班级活动的照片进行修整，并配上文字制作成“恶搞表情包”后在朋友圈中发布，引起了大家的反感，但也有人认为很好玩。班主任该如何进行教育引导？

54 009 学校实行循环用书制度，开学初把书发给学生，期末回收后学校统一对这些书进行消毒、整理，发给下一届学生继续使用。在回收的时候发现一些书有损坏、乱涂乱画、撕折的现象，班主任该怎样对学生进行教育？

56 010 开学竞选班干部，学生主动申报岗位，竞争班长岗位的人很多，但愿意担任劳动委员的人却很少，班主任该怎样面对这种情况？

60 011 某同学学习成绩优异，待人彬彬有礼，但是却有一个坏习惯，爱随便动别人的东西。班主任如何帮助他改掉这个坏习惯？

61 012 课间，两个同学拿着手中的测试卷争吵，一个说自己就是聪明，对方永远考不过自己；另一个说自己也很聪明，只是一时马虎了。作为班主任该怎么加以引导？

63 013 国家提倡“光盘行动”，食堂根据班级学生数量送餐，可有的学生在校吃午餐时挑食，不喜欢吃的就不盛或是餐后倒掉，有的同学下午饿着肚子上课，有的同学偷偷吃家长给带的零食。作为班主任该怎样对学生进行健康饮食、珍惜粮食的教育？

65 014 一个月前学校组织春游，班主任要求大家零用钱不要超过 20 元。小明花光了自己带的钱之后向其他同学借，开始没有人愿意借给他，后来他承诺谁借给他 3 元一周之后还 30 元，于是有位女同学把钱借给了他。可是，一周过去了他却没有还钱。这位女同学告诉了班

## 第四章 个别转化

## 第五章 班队活动

## 第六章 集体建设

176 007 小华性格偏执，因身体原因，行动比其他同学略微迟缓一些。开展社会实践活动时，谁也不愿意和他一组，有的同学甚至提议不让他参加活动。小华听到同学们的议论，号啕大哭。班主任该如何处理这个问题？

178 008 在准备参加班级合唱比赛的过程中，小明非常认真，但音阶唱不准，总是跑调。同学们议论纷纷，有的出主意说比赛当天让小明请病假。教师该怎么对待？

179 009 课堂上大家争先恐后抢着背诵古诗，一个有着口吃毛病的同学小月也积极举手，但是因为紧张结巴得很厉害，引得同学们哄堂大笑，而且议论纷纷，埋怨这个同学不该强出头。小月的家长得知这件事后很气愤，认为班风很不好，伤害了小月的自尊心。作为班主任，你该如何对待这种情况？

181 010 班里有两位女同学非常要好，她们表现出色，加上彼此家离得不远，两家人相处也很愉快，于是这两个同学形影不离，太过要好，以至于和别的同学逐渐产生了隔阂，教师该怎样在不伤害她们友谊的前提下进行教育和引导？

182 011 中午要吃饭了，同学们纷纷开始收拾桌子，突然小浩在洗手时将洗手液不小心滴了一滴到汤桶里，被一个女同学发现了，大声嚷道：“洗手液掉汤里了，有毒！有毒！”但此时已经有一个同学盛了汤并喝了一大口，遇到这种情况教师该怎么办？

184 012 班里出现了三个学生自发组织的小团体，一个是记者团，一个是文工团，一个是战友团，而且还不断吸纳其他同学参加。面对小

# 第七章 家校共育

214 009 四年级某些同学多次不交作业，不是说没带，就是说不会。教师与家长沟通，家长却说每天询问作业情况时，孩子都说已经在校写完了。面对学生两头欺骗的行为，教师该如何与家长联手进行教育？

217 010 学生连续未完成作业，班主任与之谈话并将视频发给家长，家长很不满意，说弄得全家心里很不舒服。教师针对类似情况给家长发视频是对还是错呢？

218 011 小伟六年级了，平时特别爱看课外书，但他的妈妈却怕看课外书耽误学习，总是让他多做题。小伟的妈妈请班主任帮忙说服孩子，作为班主任该怎么办？

222 012 有些学生在班里表现一般，但家长却一再要求班主任表扬自己的孩子，班主任该怎么办呢？

第一章

# 师德修养

## 001

**2021 年 1 月，颁发了《中共中央关于全面加强新时代少先队工作的意见》。文件包括哪些重要内容？如何深刻理解少先队的根本性质并充分发挥少先队组织不可替代的教育作用？**

少年儿童是祖国的未来、中华民族的希望，也是党的未来。我们党始终高度重视少年儿童，亲切关心少年儿童，始终把培养好少年儿童作为一项关系红色江山永不变色的战略性、基础性工作。中国少年先锋队是党创立和领导的中国少年儿童的群团组织，是少年儿童学习中国特色社会主义和共产主义的学校，是建设社会主义和共产主义的预备队。长期以来，在党的坚强领导下，中国少年先锋队团结、教育、引领一代又一代少年儿童听党话、跟党走，在革命、建设、改革的各个历史时期健康成长，为党的少年儿童事业发挥了不可替代的重要作用。

2021 年 1 月 31 日，颁发的《中共中央关于全面加强新时代少先队工作的意见》，体现了以习近平同志为核心的党中央高度重视少年儿童和少先队工作，全面加强党的领导，全面强化政治引领，全面优化成长环境，为进一步做好新时代少先队工作指明了前进方向，对于全面加强新时代少先队工作，强化对少年儿童的政治启蒙和价值观塑造，引导少年儿童时刻准备着为共产主义事业而奋斗，对于全面建设社会主义现代化国家、实现中华民族伟大复兴的中国梦，对于确保党和人民事业薪火相传、后继有人，对于红色基因代代相传，具有重大而深远的意义。

文件包括总体要求（指导思想、工作原则）；强化政治引领，旗帜鲜明培养共产主义接班人（教育引导少先队员牢记习近平总书记的教导、大力培养少先队员对党和社会主义祖国的朴素情感、从小培育少先队员共产主义理想和道德的萌芽、引导少先队员从小培育和践行社会主义核心价值观）；着力增强少先队员光荣感，推进新时代少先队组织改革创新（巩固拓展少先队组织体系、活跃提升少先队组织生活、塑造新时代少先队组织文化）；突出实践育人特色，推动新时代少先队社会化发展（强化少先队实践育人作用、提升少先队社会化工作水平、提升少先队宣传思想文化工作影响力）；把政治标准放在第一位，强化少先队辅导员队伍建设（锤炼少先队辅导员政治素质、优化少先队辅导员队伍结构、创新少先队辅导员评价和激励机制、深化少先队相关学科建设和理论研究）；全面加强党对少先队工作的领导（强化各级党委领导责任、明确各级党委和政府职能部门责任、夯实共青团组织全团带队责任、强化教育部门协同责任、加大少先队工作经费保障、努力形成全社会共同关心支持少先队工作的良好局面）等六个方面，明确提出了22条政策要求和具体措施。

## 002

**教师立德树人、培根铸魂的根本要求是什么?**

立德树人、培根铸魂是学校的根本任务，也是教师的使命担当。

广大教师不忘立德树人初心，牢记为党育人、为国育才使命，积极探索新时代教育教学方法，不断提升教书育人本领，用爱心和智慧传承民族精神，引领学生成长，展现了人民教师的高尚师德和责任担当，为培养德智体美劳全面发展的社会主义建设者和接班人作出了重要贡献。

教师要立德树人、培根铸魂，就要全面贯彻党的教育方针，真正做到以文化人、以德育人，教育引导学生培育和践行社会主义核心价值观，踏踏实实修好品德，做到明大德、守公德、严私德，成为有大爱大德大情怀的人。要把立德树人融入工作中的各个环节，作为检验工作的根本标准，切实履行班主任与辅导员的工作职责，努力形成学校、家庭、社会协同育人的合力，不断深化全员全过程全方位育人，落实德智体美劳五育并举，下大力气培养学生爱国情怀、社会责任感、创新精神、实践能力，促进学生综合素质全面提升，培养一代新人。

亲其师，才能信其道。在立德树人、培根铸魂的过程中，教师政治要强、情怀要深、思维要新、视野要广、自律要严、人格要正，把“有意义”的道理讲得“有意思”，把“有意义”的活动开展得“有意思”，春风化雨，循循善诱，聚焦传承民族精神和红色基因，强化政治启蒙和价值观塑造，坚持集体教育、自主教育、课堂教育、实践教育相统一，不断推进工作创新，引领广大少年儿童全面发展、健康成长，培育能够担当民族复兴大任的时代新人。

## 003

### 作为新时代的人民教师如何做到不忘初心，使命担当？

建设教育强国是中华民族伟大复兴的基础工程。实现教育高质量发展，必须加强师德师风建设，培养高素质教师队伍。

能否打造一支师德高尚、业务精湛、结构合理、充满活力的高素质教师队伍，已经成为深化教育改革、促进教育发展中的一项重要而紧迫的任务。迈进中国特色社会主义新时代，教师理应承担新的历史使命，不忘初心，牢记使命，继往开来，守正创新。

“学高为师，身正为范。”教师是人类文化的传播者、智慧的启迪者，更是道德行为的示范者和精神人格的塑造者。加强师德教育，增强教师的责任感和使命感，寄托着亿万家庭对美好生活的期盼，关系着民族和国家的未来。

古希腊教育家、思想家苏格拉底告诫他的学生说：“一定要把灵魂教育托付给那些拥有美德和真理的教师。”新时代，师德的标准也相应变得更高。“落红不是无情物，化作春泥更护花。”作为一名教师，思想道德行为和待人接物的礼仪都直接或间接影响着学生。教师必须在思想意识上、道德品质上、学识学风上以身作则，自觉率先垂范，真正做到为人师表，用爱心、责任和敬业精神铸就高尚师德。要弘扬奉献精神，永葆昂扬向上、奋发进取的精神风貌，塑造良好的教师形象，凡是要求学生做到的，教师首先自己要做到，凡是要求学生不能做的，教师自己坚决不做。

作为新时代的教师，不忘初心，牢记使命，就要努力提高自己的思想境界，树立正确的世界观、人生观和价值观。由于教师的职业性质，教师理应做到知行合一，革故鼎新，努力提高自身的综合素养和专业水平，积极倡导并践行“自主、合作、探究、创新”的教育理念和学习方式，引导学生学会、会学、乐学，以教育新思维和新视角培养创新型人才。

总之，新时代的教师要不忘初心，牢记使命，就要有理想信念，有道德情操，有扎实的知识，有仁爱之心，为民族振兴和祖国强盛作出应有的贡献。

## 004

**突发的疫情带来了特殊的教育契机，如何在新的社会背景下对学生进行社会主义核心价值观的教育？**

社会主义核心价值观中富强、民主、文明、和谐是国家层面的价值目标，自由、平等、公正、法治是社会层面的价值取向，爱国、敬业、诚信、友善是公民个人层面的价值准则。培育和践行社会主义核心价值观，必须以培养担当民族复兴大任的时代新人为着眼点，强化教育引导、实践养成、制度保障，发挥社会主义核心价值观对学生全面发展、健康成长的引领作用，坚持不懈，久久为功。

自 2020 年起，病毒突袭而至，疫情来势汹汹，人民生命安全和身体健康面临严重威胁。这次疫情是百年来全球发生的最严重的传染病大流行，是新中国成立以来我国遭遇的传播速度最快、感染范围最广、防控难度最大的重大突发公共卫生事件。我们党坚持人民至上、生命至上，以坚定果敢的勇气和坚忍不拔的决心，同时间赛跑，与病魔较量，迅速打响疫情防控的人民战、总体战、阻击战，团结带领全国各族人民，通过艰苦的努力，取得了抗击新冠肺炎疫情斗争的重大胜利，创造了人类同疾病斗争史的奇迹，充分展现了中国精神、中国力量、中国担当。

在这个特殊背景下，如何审时度势、因势利导对学生进行社会主义核心价值观的教育非常重要。要抓住教育契机，通过生动的抗疫事实，引导学生认识中国共产党领导和我国社会主义制度的显著优势，认识中国人民和中华民族的伟大力量，认识中华文明的深厚底蕴，增强自信心和自豪感、凝聚力和向心力，激励学生在新时代新征程上听党话、跟党走，全面发展，茁壮成长。

结合抗疫事实，对学生进行社会主义核心价值观教育，要重点抓好几个方面：

一、树立生命至上的理念。这集中体现了中国人民深厚的仁爱传统和中国共产党人以人民为中心的价值追求。"爱人利物之谓仁。"疫情无情人有情。人的生命是最宝贵的，生命只有一次，失去不会再来。在保护人民生命安全面前，必须不惜一切代价，全心全意为人民服务，因为我们的国家是人民当家做主的社会主义国家。人的生命、人的价值、人的尊严得到悉心呵护，这是中国共产党执政为民理念的最好诠释！这是中华文明人命关天的道德观念的最好体现！这也是中国人民敬仰生命的人文精神的最好印证！

二、感受举国同心的力量。面对生死考验，面对巨大压力，广大人民群众与生死较量不畏惧、千难万险不退缩，或向险而行，或默默坚守，以各种方式为疫情防控操心出力。长城内外、大江南北，全国人民心往一处想、劲儿往一处使，把个人冷暖、集体荣辱、国家安危融为一体，"天使白""橄榄绿”“守护蓝”“志愿红”迅速集结，“我是党员我先上”“疫情不退我不退”，誓言铿锵，丹心闪耀。14 亿中国人民同呼吸，共命运，肩并肩，心连心，绘就了团结就是力量的时代画卷！

三、学习舍生忘死的榜样。抗疫集中体现了中国人民敢于压倒一切困难而不被任何困难所压倒的顽强意志。危急时刻英雄辈出，各条战线的抗疫勇士临危不惧、视死如归，困难面前豁得出，关键时刻冲得上，以生命赴使命，用大爱护众生。他们中间，有把生的希望留给他人而自己错过救治的医院院长，有永远无法向妻子兑现婚礼承诺的丈夫，也有牺牲在救治岗位留下幼小孩子的妈妈……面对疫情，中国人民没有被吓倒，而是用明知山有虎、偏向虎山行的壮举，书写了可歌可泣、荡气回肠的壮丽篇章！

四、培养科学务实的精神。面对前所未知的新型传染性疾病，秉持科学精神、科学态度，遵循科学规律，实行中西医结合，抢建方舱医院，抓紧研发疫苗，开展大规模核酸检测、大数据追踪溯源和健康码识别，分区分级差异化防控，有序推进复工复产，都是对科学精神的尊崇和弘扬，都为战胜疫情提供了强大科技支撑。

五、确立和衷共济的情怀。大道不孤，大爱无疆。秉承“天下一家”的理念，发起了新中国成立以来援助时间最集中、涉及范围最广泛的紧急人道主义行动，为全球疫情防控注入源源不断的动力，充分展示了讲信义、重情义、扬正义、守道义的大国形象，生动诠释了为世界谋大同、推动构建人类命运共同体的大国担当。

实践证明，没有中国共产党的正确领导，没有全国各族人民同心同德的努力奋斗，就不可能创造这次抗疫斗争奇迹。伟大的抗疫精神，是民族精神的集中体现，是爱国主义的大力弘扬，是对少年儿童进行社会主义核心价值观教育的生动教材。

## 005

**面对突如其来的社会公共卫生事件，教师该怎样引导学生调整心态，积极应对？**

突发的疫情是重大的社会公共卫生事件，党中央审时度势，沉着应对，科学施策，联防联控，取得了战略性的伟大成果。然而，随着常态化防疫形势的到来，部分学生出现了不同程度的心理问题，长时间的蜗居和大量负面信息从客观上造成了他们情绪的波动，身心健康受到影响。因此，教师有效引导学生正确认识疫情，树立生活信心，养成卫生习惯至关重要。

针对部分学生表现出的害怕、恐慌、担心、生气、烦躁、发脾气以及话少、消极、食欲差、睡眠差、生活无规律、沉迷于看电视、打游戏等现象，教师要深入调查研究，采取针对性的有效措施，从培养积极心态入手，指导学生与家人深入交流，学会自我调节。一方面引导他们关心、关注疫情，通过电视等媒体了解党和国家举全国之力，抗击疫情的重大举措和成果，特别是通过学习战斗在抗疫一线的先进人物感人事迹，树立榜样，增强战胜疫情的信心，而且坚决做到不信谣、不传谣；另一方面保持良好的心理状态，努力提升自身免疫力，稳定情绪，缓解焦虑，课余校外尤其是节假日期间不聚会，不扎堆，戴口罩，勤洗手，即便宅在家里也可以做自己喜欢做的、擅长做的事情，如看适合自己的电影或电视剧、读书、画画、练书法、办手抄报、下棋、室内锻炼等，也可以利用这些时间做些家务，享受亲情。

在防疫常态化的形势下，要指导学生保持规律作息，保证睡眠时间，加强体育锻炼，合理安排读书学习时间，努力做到生活自理，做好身体健康状况的自我观察，出现症状及时寻求帮助，学会珍爱生命，关注健康；学会独处，增进亲情；安全意识，责任担当；和谐生态，敬畏自然，用科学的防疫方式、稳定的情绪和健康的心态积极面对，共克时艰。

## 006

### 如何传承长征精神和理解“长征永远在路上”的深刻含义？

中国共产党领导红军进行的二万五千里长征，是中国革命历史中的光辉篇章，是无与伦比、气壮山河的人间奇迹，对我们党、军队和中华民族的发展产生了重大而深远的影响。

长征确立了毛泽东在党和红军中的领导地位，开始形成以毛泽东为核心的中央领导集体，领导全国人民从胜利走向新的胜利。

长征保存和锻炼了革命力量并向全世界宣告，中国共产党领导下的人民军队是不可战胜的。

长征已经成为中国革命历史的象征，成为民族精神的重要组成部分。正如毛泽东所说：“长征是历史纪录上的第一次，长征是宣言书，长征是宣传队，长征是播种机。自从盘古开天地，三皇五帝到于今，历史上曾经有过我们这样的长征吗？没有，从来没有的。长征又是宣言书。它向全世界宣告，红军是英雄好汉，帝国主义者和他们的走狗蒋介石等辈则是完全无用的。长征宣告了帝国主义和蒋介石围追堵截的破产。长征又是宣传队。它向十一个省内大约两万万人民宣布，只有红军的道路，才是解放他们的道路。不因此一举，那么广大的民众怎会如此迅速地知道世界上还有红军这样一篇大道理呢？长征又是播种机。它散布了许多种子在十一个省内，发芽、长叶、开花、结果，将来是会有收获的。”

毛泽东说：“长征一结束，新局面就开始。”“夺取全国胜利，这只是万里长征走完了第一步。如果这一步也值得骄傲，那是比较渺小的，更值得骄傲的还在后头。在过了几十年之后来看中国人民民主革命的胜利，就会使人们感觉那好像只是一出长剧的一个短小的序幕。剧是必须从序幕开始的，但序幕还不是高潮。中国的革命是伟大的，但革命以后的路程更长，工作更伟大，更艰苦。”

长征所铸就的革命乐观主义和英雄主义精神，激励着一代又一代人朝着建设社会主义现代化强国的伟大目标前赴后继，砥砺奋进。

长征精神是宝贵的精神财富，不断丰富着人们的精神家园，成为进行革命传统教育的重要教材。

伟大的事业需要伟大的精神，伟大的精神成就伟大的事业。长征精神体现了中国共产党和人民军队的革命风范，体现了中华民族自强不息的民族品格。

长征精神始终凸显着巨大的时代价值，不断激励着我们面向未来开拓创新的伟大事业。自红军长征胜利以来，中国共产党团结带领全国各族人民在革命、建设、改革的各个历史时期进行了一次又一次波澜壮阔的伟大长征，夺取了一个又一个举世瞩目的伟大胜利。我们进行改革开放和社会主义现代化建设，全面建设小康社会，积极构建社会主义和谐社会，开创中国特色社会主义事业新局面，为把我国建设成为富强民主文明和谐的社会主义现代化国家，为实现中华民族的伟大复兴而奋斗，就是我们党团结带领全国各族人民进行的新的伟大长征。

习近平总书记在纪念红军长征胜利80周年大会上发表重要讲话，提出“长征永远在路上”，每一代人都要走好自己的长征路。习近平总书记指出，伟大长征精神，作为中国共产党人红色基因和精神族谱的重要组成部分，已经深深融入中华民族的血脉和灵魂，成为社会主义核心价值观的丰富滋养，成为鼓舞和激励中国人民不断攻坚克难、从胜利走向胜利的强大精神动力。

长征的意义绝不止于一部赞颂历史的英雄史诗，更展示了启迪未来的精神力量。历史一浪推一浪，事业一棒接一棒，新时代的我们只有将自身的奋斗融入实现中华民族伟大复兴的中国梦中，个人的价值才能实现；只有将每个人的奋斗形成合力，中华民族的伟大复兴才能实现，因此必须继承和弘扬伟大长征精神，不忘初心，在建设中国特色社会主义道路上继续前进，实现“两个一百年”奋斗目标，实现中华民族伟大复兴的中国梦。

时代大潮，浩浩荡荡。新时代的长征路前途辉煌，但还有许多“雪山”“草地”需要跨越，还有许多“娄山关”“腊子口”需要征服，必须直面挑战，锲而不舍，不论我们的事业发展到哪一步，不论我们取得了多大成就，我们都要大力弘扬伟大长征精神，在新的长征路上继续奋勇前进。

在改革开放的新长征路上，虽不见五岭逶迤，但时刻要勇于攀登；虽不闻金沙水拍，但同样要闯激流险滩；虽未见大渡桥横，但同样要斩关夺隘。我们缅怀先烈、不忘初心，就是要发扬长征中中国共产党和中国工农红军敢于吃苦、不畏艰难的革命乐观主义，勇于战斗、无坚不摧的革命英雄主义，实事求是、独立自主的革命担当，善于团结、顾全大局的集体主义精神，走好我们这一代人的长征路，坚定的理想信念，不忘初心，牢记使命，自觉践行社会主义核心价值观，立德树人，培根铸魂，做到前进有方向，奋斗有目标，心中有信仰，脚下有力量。

## 007

**我校从2011年开始进行传承长征精神的主题教育，现已逐步深化为新时代背景下的“大视野、新长征”主题教育，该怎样理解这项主题教育的重大意义？**

海淀区实验小学在深化教育改革的时代大潮中，秉承“守真、从善、修美”的办学理念，坚守“素质立校，特色引领，内涵积淀，创新为先”的发展原则，落实“立德树人、培根铸魂”的根本任务，不忘初心，砥砺奋进，将“饮水思源牢记红军业绩，继往开来传承长征精神，厚德创新促进全面发展，爱党爱国立志振兴中华”的长征精神教育融入学校建设的方方面面，开创了学校德育工作生机勃勃的新局面。

2012年8月，学校师生参与了少年版《长征组歌》的演出，受到了生动的红色基因教育。从那时起，长征精神的传承与弘扬成为学校德育工作的主旋律。七年来，学校凝聚共识，锐意进取，不断拓宽路径，创新载体，合力形成教育特色，努力打造育人品牌，开展了丰富多彩的主题教育活动，编写了校本教材，开设了校本课程，组织了研学考察，举办了专题论坛，实现了由唱响长征组歌到传承长征精神的有序推进。党的十九大以来，学校进一步学习领会新时代“长征永远在路上”的重要理念，认真研究新形势下少年儿童培育和践行社会主义核心价值观的新特点、新规律，努力贯彻习近平建设中国特色社会主义思想，开展了“大视野新长征”主题教育，吹响了传承长征精神、培育一代新人的新号角。

长征精神是民族精神的重要组成部分，是学校德育取之不尽，用之不竭的宝贵精神财富。一代人有一代人的追求，一代人有一代人的长征，一代人有一代人的担当。为了更好地发扬长征精神，汇聚力量，增强意识，坚定信念，开阔思路，开拓创新，努力探索新时代学校德育的新特点、新规律，提升学生的综合素质，促进他们的全面发展，进一步开展了“大视野新长征”主题教育活动。

“大视野新长征”主题教育遵循党的教育方针，培育和践行社会主义核心价值观，以“长征永远在路上”为引领，以创新教育为核心，以长征精神为动力，以守真从善修美为目标，立德树人，培根铸魂，砥砺奋进，努力打造富有时代特色的教育品牌，形成具有丰厚文化底蕴、鲜明首都气派的学校特色，培育社会主义现代化建设的合格预备队和接班人。

# 008

## 如何践行学校"守真、从善、修美"的校训？

践行学校"守真、从善、修美"的校训的总体要求是：全面贯彻党的教育方针，深化教育改革和教育创新，全校协同，把握学校德育的根本属性，把党对少年儿童的成长要求贯穿到教育全过程，引领广大少年儿童牢记和践行党的教导，有志向，有目标，热爱党，热爱祖国，热爱人民，从小学习做人，从小学习立志，从小学习创造，全面发展，做中国特色社会主义事业合格的建设者和接班人。

践行学校"守真、从善、修美"的校训要坚持方向性原则：坚持党和国家教育方针的贯彻与落实，坚持社会主义核心价值观的培育和践行，坚持"长征永远在路上"教育理念的遵循和推进，引导学生热爱中国共产党，热爱社会主义祖国，热爱人民，了解长征的历史和长征精神，理解改革开放新长征的重大意义，坚定四个自信，树立远大志向；坚持教育性原则：结合学生身心特点、接受能力和实际需要，注重教育的思想性、知识性、科学性和趣味性，培养学生良好的行为习惯，提升他们的道德素养、科学素养和艺术素养，成为一代新人；坚持实践性原则：引导学生走出校园，研学探究，接触社会，接触大自然，接触现代科学技术，开发智力，陶冶情操，磨炼意志，增强能力，拓宽视野，做到知行合一，品学兼优；坚持自主性原则：以学生为主体，教师为主导，充分调动学生的积极性，充分发挥班队集体的作用，充分发扬教育教学民主，在引导、指导、辅导、督导上下功夫，把教师的教育智慧与学生的自主自动充分结合起来，大力倡导小主人精神；坚持趣味性原则：遵循少年儿童生理心理发展规律和教育教学规律，努力开发，充分利用学生喜闻乐见的路径和载体，寓教育于活动之中，力求使教育生动、活泼、新颖、有趣、具有吸引力和感染力，注意防止和克服一般化、成人化倾向；坚持创造性原则：开展创造性活动，激发学生树立创造志向，培养创造才干，学会运用课堂知识和书本知识解决实际问题，保护学生渴求新知、富于幻想等创造素质的萌动，逐步培养学生积极主动、敢想敢干、勇于探索、敢于创新的时代精神；坚持协同性原则：依靠学校、少先队、家庭和社会协同进行，互相联系、配合、促进和补充，形成统一的教育整体，保持教育影响的一致性。在学校统一规划部署下，依靠全体教师、广大家长和社会力量砥砺同心，和合共进。

践行学校“守真、从善、修美”的校训要做到因地制宜，因势利导，开展丰富多彩的主题活动，寓教育于活动之中，弘扬中华美德，继承革命传统，树立理想信念，拥护改革开放，奠基科学的世界观、人生观和价值观。要做到注重创新驱动，倡导研学探究，引领学生在综合实践中学会动手动脑，学会自理自立，学会做人做事，学会弘道养正，促进身心健康，全面发展，提升文明素质。要做到建设基地，打造品牌，形成具有系统目标、规范管理、责任明晰、多元保障的运行机制，形成全校师生广泛参与、活动品质持续提升、班队社团充分活跃、年级之间层层递进的教育生态。要做到扎根学校，渗透家庭，辐射社会，统筹力量，整合资源，促进学校教育、家庭教育、社会教育有机结合、相互配合、高度融合，打造教育共同体，齐抓共管，形成合力。

## 009

### 在工作中如何做到“在继承中发展，在求实中创新”？

创新是一个民族最可宝贵的品质，是推动教育改革的强大动力，是科学育人的核心特征，必须坚持在继承中发展，在求实中创新。

创新教育是以培养创新精神和创新能力为基本价值取向的教育。其核心是在全面实施素质教育的过程中，着重研究与解决在基础教育领域如何培养小学生的创新意识、创新精神和创新能力的问题。

首先要具备创新思维。创新思维源于常规的思维过程，又高于常规的思维，它是指对某种事物、问题、观点产生新的发现、新的解决方法、新的见解，特征是超越或突破人们固有的认识，使人们的认识“更上一层楼”。

有四个小故事很能说明问题。第一个小故事：去和尚庙推销梳子。第一个营销员空手而回，理由是和尚没头发不需要梳子。第二个营销员销了十多把，理由是头皮要经常梳，不仅止痒，还可以活络血脉，有益健康。念经念累了，梳梳头，头脑清醒。第三个营销员销了百十把，理由是可以提供给香客，服务优质，下次香客还会再来。第四个营销员销掉好几千把，而且还有订单。理由是庙里接受捐赠，得有回报，在梳子上写上庙名，再写上“积善梳”，保佑对方，这样可以作为馈赠礼品，保证香火更旺。可见，创新需要开阔思路、更新理念。

第二个小故事：五个指头伸出来，比一比谁是老大，谁就排第一。老大说，我最粗，我应该排第一；老二说，我最灵活，我应该排第一；老三说，我最长，我应该排第一；老四说，我最珍贵，戒指是戴在我上面，我应该排第一；老五说，朝圣拜佛我领队，在最前面，自然是第一。五个指头各有优点，要善于合作共事，优势互补。这说明创新需要扬长避短、勠力同心。

第三个小故事：龟兔赛跑。第一次乌龟赢了，兔子不服气。第二次赛跑兔子赢了，乌龟又不服，要求按自己指定的路线跑，路上一兔当先，快到终点时。一条河挡住路，乌龟一游而过，得了第一。龟兔商量再赛，改变主意，进行合作。陆地上兔子驮着乌龟跑，到了河里，乌龟驮着兔子游，结果双赢。这说明创新需要优势互补、合作共赢。

第四个小故事：三个和尚。“一个和尚挑水吃，两个和尚抬水吃，三个和尚没水吃”，这是动画片《三个和尚》的情节。现在的观点是“一个和尚没水吃，三个和尚水多得吃不完”。有三个庙，离河边都比较远。第一个庙开展三个和尚接力赛，这是协作，这叫“机制创新”。第二个庙引入竞争机制，谁挑水挑得多，晚饭加菜，谁挑水挑得少，吃饭没菜，这叫“管理创新”。第三个庙和尚们商量把山上的竹子砍下来连在一起，买一个辘轳。第一个和尚把一桶水摇上去，第二个和尚专管倒水，第三个和尚休息，三个人轮流换班，这叫“技术创新”。这些证明创新需要完善机制、科学管理。

《中共中央、国务院关于深化教育改革全面推进素质教育的决定》中指出，素质教育要以培养学生的创新精神和实践能力为重点。

实施素质教育必须在一系列问题上创新，包括教育观念、教育思想、教育制度、教育内容、教育方法……创新教育可以使素质教育真正得到贯彻实施。

创新精神主要包括好奇心、探究兴趣、求知欲，对新鲜事物的敏感，对真知的执着追求，对发现、发明、革新、开拓、进取的百折不挠的精神。创新能力主要包括创造思维能力、创造想象能力，以及创造性地计划、组织与实施某种活动的能力。创新人格主要包括创新责任感、使命感、事业心、执着的爱、顽强的意志、毅力，能经受挫折、失败的良好心态，以及坚忍顽强的性格，这是坚持创新、取得成果的根本保障。

创新教育不仅是教育方法的改革或教育内容的增减，而是教育功能的重新定位，是带有全局性、结构性的教育革新和教育发展的价值追求，是新的时代背景下教育发展的方向。

培养小学生的创新精神和创新能力，实际上是教育全方位的创新。创新教育的重点不仅是在操作层面上搞小发明、小制作，或在学科教学中培养发散思维能力，更要考虑提供适宜创新人才成长的“土壤”和良好的人文环境。时代不同了，必须做到在继承中发展，在求实中创新。

教师观念不改变就不可能培养出具有创新意识的学生。要科学认识课堂教学中教师与学生教与学的关系，发挥教师的主导作用和学生的主体作用，充分调动学生的学习主动性和积极性，使学生主动热情地参与课堂教学活动。教师在学生的学习过程中应是组织者、指导者、帮助者、评价者，而不是简单的知识灌输者，不要把教师的意识强加于学生；而学生是教学活动的参与者、探索者、合作者，学生的学习动机、情感、意志对学习效果起着决定性作用。其次，在教学方法上也要由传统的注入式转变为启发式、讨论式、探究式，学生通过独立思考，处理所获得的信息，使新旧知识融会贯通，建构新的知识体系，促使学生养成良好的学习习惯，获得成功的喜悦，满足心理需求，体现自我价值，从而进一步激发内在的学习动机，增强创新意识。

010

## 做好班主任工作需要哪些基本的技能技巧？如何练好基本功？

班主任素质的高低，是决定学校整体工作优劣的最重要的因素之一。班主任工作技能技巧掌握的程度，是决定自身工作效果事倍功半还是事半功倍最直接的因素。

班主任基本功是建立在班主任工作技能技巧基础上的基本素质，是班主任履行育人职责，完成岗位要求的基本能力。班主任面对改革开放的新形势，教育事业发展的新要求，不仅要具有较高的思想水平和工作热情，而且应该努力掌握做好班主任工作所需要的技能技巧，练好基本功。

学校教育是以班集体为单位来进行的，学校教育的各项工作，都跟班主任有关系，班主任既要关心学生的学习状况，教育学生明确学习目的，端正学习态度，掌握正确学习方法，养成良好学习习惯，增强创新意识和学习能力；又要进行有效的班集体管理，保证学校各项教育工作的顺利进行；还要组织学生开展班会、队会以及各种主题教育活动和文体活动；更要了解每个学生的身体、心理和思想状况，开展有针对性的教育，做每一位学生人生路上的引路人。

班主任工作的基本功主要包括两吃透一把握：吃透上情，就是要吃透方针政策、法律法规、教育理论，与时俱进，树立科学的育人理念；吃透下情就是深入了解学生的身心状态、成长规律以及班级情况、家庭情况、社会资源，做到审时度势，因势利导；把握自身就是爱岗敬业，开拓进取，勤勉博学，守正创新。同时，努力提升自身的战略思维能力、教育科研能力、活动指导能力、信息整合能力、资源优化能力、总结提升能力、综合表达能力和持续发展能力，不断开阔工作思路，涵养教育情怀，树立理想追求，联系实际，注重实用，追求实效。

## 011

**学校开展“我最喜欢的教师”评选活动，班中居然有几个学生没有投班主任的票。面对这种情况班主任该怎么看和怎么办?**

一次，学校组织“学生心目中的好老师”评选活动。在班里统计学生选票时我想，我是班主任，同学们选我的票数应该会多一些，况且，我在同学们身上花了那么多的心血，他们总会知道感恩的吧。可是结果却出人意料，学生们喜欢的好老师前三名中居然没有我。当时我的心情一直无法平静，觉得学生实在不懂事，感到十分委屈。晚上回到家里，头脑冷静下来，开始静静地思考，清醒地意识到问题并不在于学生。他们的选择来源于他们真实的感受，可他们为什么会这样呢?

通过仔细分析，那些没有选我的学生都是平时学习上、纪律上经常出问题挨批评的学生，要么上课不注意听讲，爱搞小动作，要么做作业敷衍了事，态度不认真，要么下课玩得过火，总有同学来告状……我呢?作为班主任、语文老师，不论是课上还是课后，对他们总是保持一种“高压”态势。上课时用犀利的眼神提醒他们，批评得多；做作业时多点名，经常批评他们；课下更是对他们不放心……初看这是老师对他们的关怀和负责，但细思之下，这种做法的背后，不正是对学生持有偏见，深深的不信任吗？正是这种不信任，使他们不仅不感激我的付出，反而讨厌我的所作所为。我的方式方法给他们带来了压力，过于沉重的“爱”让他们透不过气来。

苏霍姆林斯基说过：“你面对的是儿童的极易受到伤害的，极其脆弱的心灵，学校里的学习不是毫无热情地把知识从一个头脑装进另一个头脑里，而是师生之间每时每刻都在进行的心灵的接触。”他还说：“要关心儿童的生活和健康，关心他们的利益和幸福，关心他们的完满的精神生活。”因此，教师必须改变自己“爱”的方式方法，做到姓导不姓包，放手不放心。

换位思考，如果我是学生，我希望从老师那里得到什么？一定是亲切的鼓励、热情的帮助、真诚的信任。我应该给他们多一点温暖，多一分理解，多一些关爱。没有爱就没有教育，没有爱就没有一切。苏霍姆林斯基曾经指出：“人类有许多高尚的品格是人性的顶峰，那就是个人的自尊心。”我作为教师，对学生的爱不能只是“锦上添花”，更应该“雪中送炭”。这些学生更需要尊重，更需要我去挖掘他们的闪光点，引导他们克服缺点，乐观向上。

的确，我是很辛苦，从事基础教育的老师们格外辛苦，承担着教育的重任。百年大计，教育为本；教育大计，教师为本。如果说教育是国家发展的基石，教师就是基石的奠基者。国家的兴衰、国家的发展系于教育。“教师是太阳底下最光辉的职业。”要对的起教师这个神圣的岗位，就要不忘初心，牢记使命，兢兢业业，默默耕耘，讲究科学育人，注重教育策略，要有不计名利、甘为人梯的情怀，要有成功不必在我、奋斗当以身先的精神。“尺有所短，寸有所长。”学生的成长是渐进的，而非“催熟”的；教师是引导学生成长的，而非“拔苗助长”的。每个学生心目中都有学习的榜样，追求的目标，只要一把钥匙开一把锁，就一定能慢慢转变，向善向上，我也一定能够成为他们心目中最好的老师！

## 012

**教师在教学过程中偶尔会出现某个字的字音读错、笔画写错的现象，当有的学生当面给教师指出了错误的时候，教师该怎么做呢？**

教师在教学过程中出现读错、写错的现象并不奇怪，关键是如何正确对待。首先要摆正心态。“人非圣贤，孰能无过？”老师也是一样。上课时出了错，无论是学生指出还是自己发现，都应该坦然面对，勇于承认，及时纠正。绝不能讳疾忌医，死要面子，明知错了还不承认，或强词夺理，或顾左右而言他，这些对学生对自己都是不负责任的表现。虚怀若谷、彰往察来才是教师应有的风范，学生勇于指出，老师谦虚接受并给予鼓励，这才是教师有修养有担当的表现。

一旦出现这种情况，教师还要及时调整好自己的情绪，不能因为尴尬而不知所措，更不能因为紧张而打乱教学节奏，保持头脑冷静，灵活加以处置，维护好教学秩序，保障课堂教学的正常进行。

巧妙化解很重要。尽管提前备课，有所规划，但课堂情况随时都会出现变化，需要因势利导，机智、巧妙地解决问题，如果是刚刚出错自己就意识到了，应该直接承认并加以纠正；如果自己没有发现，学生当面提出来，可以坦诚面对，一方面主动纠正，一方面提出表扬，鼓励大家在学习中要开动脑筋，细心严谨，敢于质疑；如果是已经讲完了才发现读写错了，可以用让学生反复检查的方式来解决，加深学生对正确读写的理解；如果出现错误后一时没有反应过来，学生发现后小声议论，那么就需要调查研究，然后根据实际情况及时进行纠正。

在解决了问题之后，可以借机对学生进行教育。教师可以以自己为例，让学生懂得对待科学来不得半点马虎，一定要认真求实，不懂就问，不会就学，有错必纠。

课后教师要进行反思，避免类似的问题再次出现。

老师自己有一桶水，才能给学生一杯水。要不断充实自己的知识储备，避免在课堂上照本宣科。要认真备课，做到不打无准备之仗，不打无把握之仗。中央电视台新闻主播罗京每次播音之前，必先查阅工具书，以致翻烂了五本工具书，这种严谨的工作态度很值得借鉴。另外，教师在备课中要敢于质疑，对教学重点不但要知其然，更要知其所以然。碰到不易解决的，要及时求助于其他教师或专家。

## 013

**某教师涂了鲜艳的口红去上课，几个调皮的同学注意到了，竟然喊了声："鬼来了！"教室里顿时乱了起来，大家纷纷议论起教师的口红。此时教师该怎么办?**

教育部 2008 年 9 月 1 日发布的《中小学教师职业道德规范》中第五条明

确规定：“为人师表。坚守高尚情操，知荣明耻，严于律己，以身作则。衣着得体，语言规范，举止文明。关心集体，团结协作，尊重同事，尊重家长。作风正派，廉洁奉公。自觉抵制有偿家教，不利用职务之便谋取私利。”

孙中山曾经讲过：“学校者，文明进化之泉源也。”学校是传授知识，传承文明的地方。学生有学生的仪表，教师有教师的仪表。

教师是学生的榜样，是学生一言一行的导师，因此教师的仪表礼仪要求更为严格。

“仁、义、礼、智、信”是中华民族传统美德的核心价值理念和基本要求。中国人向来把“礼”放在重要的位置上，以礼仪之邦来表明我们是文明的，不讲礼仪是不文明的。教师礼仪的规范与否，对学生价值标准、审美标准的形成，有着重要的示范和影响作用。为了树立良好的师表形象，教师应当严于律己，形成习惯，才能为人师表。

教师礼仪规范主要包括进出校门礼仪、课间礼仪、课堂礼仪、办公室礼仪、集会礼仪、与同事交往礼仪、与学生交往礼仪、与学生家长交往礼仪和仪表、仪容、仪态礼仪。

仪表要求教师服饰整洁、文雅、大方、美观。切忌过露、过透、过紧。夏天忌穿背心、吊带衫、超短裙和拖鞋。男教师不留长发，女教师可适度淡妆，发型要大方得体，不染过分夸张的发色和指甲。此外，立姿要挺拔、自然；走姿要从容、自信；坐姿要端庄、文雅。

老师是开启学生人生的导师。有人把教师比作红烛，燃烧自己，照亮学生未来；有人把教师比作人梯，让学生站在肩膀上看世界；更多的人把教师比作人类灵魂的工程师，塑造着学生，也塑造着祖国的未来。因此，教师的一言一行、一举一动都会对学生产生潜移默化的影响。过于艳丽的妆容不但容易分散学生上课时的注意力，而且会对学生的审美情趣产生误导，这样做对于一个教育工作者是不合适的。爱美之心人皆有之，教师爱美，无可厚非，在教书育人的学校，不适宜浓妆艳抹，如果化妆，适宜淡妆。

至于有些学生故意起哄，可以适当加以批评引导。但问题是由教师化妆不当引起的，因此还是应当首先正视自己的错误，有勇气主动纠正，才能真正通过言传身教影响学生。教师严于律己，是会赢得学生尊重的。

## 014

**班主任采用多种奖励措施来激励学生，但经过一段时间后学生就对奖品不感兴趣了，教师该怎么完善激励机制呢？**

在班主任的日常工作中，常常采用一定的奖励措施来激发和调动学生各方面的积极性，这些奖励的形式丰富多样，既包括口头上的精神鼓励，也包括一些实物类的物质奖励。从低年级的小红花、小喜报到中年级的小奖章、荣誉卡，再到高年级的积分卡、光荣岗……名目繁多，形式多样，体现了班主任的教育智慧、良苦用心。这些激励措施激发了学生的上进心、荣誉感，有力地促进了学生向善向上不断进步。

但是，在经历过一段时间之后，不少学生对奖品不感兴趣了，教师该怎么进一步完善激励机制呢？

奖励作为班级管理、教育评价的手段，的确可以起到约束学生、激励学生的作用。奖励的运用，主要基于行为主义学习理论中的强化原理。所谓强化，指的是“某种行为发生之后，所跟随的结果能够导致将来该行为发生概率增加的过程。”表扬、奖励作为一种强化物，对学生某一行为给予肯定，起到了强化的作用。表面上看，班级奖励措施是以增强管理实效为出发点，实际上一切的教育措施都是为促进学生全面发展、健康成长服务的。

激励机制是以增强学生光荣感为中心，紧密结合他们的日常学习生活，尊重不同年龄阶段学生的认知规律和行为特点，对他们的成长要素进行儿童化的、逐步深入的生动解析，运用班级特有的奖章、荣誉、服务岗位、实践体验等多种激励载体，具体化、常态化、持续化地激发学生光荣感的内生动力。探索设计导向鲜明、形式多样、交织贯通、阶段上升的阶梯式成长激励体系，递进开展分批、分段、分级激励，引导学生在追求一个个小目标的过程中接受教育塑造，从小培养追求上进、力争上游的优良品质。

赏识教育绝不是奖品的刺激。奖品对于学生具有一定的吸引力，会产生一定的积极作用，但是过度的物质奖励会让学生产生依赖性，对物质奖励的需求也会越来越大。因此教师要重在引导学生明白奖励的意义，知道这是对良好道德品质和道德行为的认可和鼓励，应该正确对待奖励和荣誉。

完善激励机制，坚持面向全体。教师要充分考虑班级全体成员的发展差异，注重成长激励体系的普遍性、可行性，坚持立足全体、全员参与、尊重主体、循循善诱的原则，遵循少年儿童成长认知规律和行为特点，有机结合少年儿童日常学习生活现实，用儿童化、生活化的方式，吸引全体同学主动参与、主动争取，不断增强激励机制的吸引力。

完善激励机制，要注重阶梯贯通，用好用足现有的、经过实践检验、学生普遍认可、同学广泛受益的激励手段和评价方式，进一步细化分解，做好不同阶段、不同激励方式的相互衔接。

完善激励机制，要强调过程育人。将成长激励体系融入班级文化建设中，让学生认识、理解激励形式的内涵，天天有目标，时时有进步，循序渐进地培育和践行社会主义核心价值观。

## 015

**在班里改选的时候，教师看好的同学得票并不多，不太中意的学生得票却不少，教师该如何看待和对待这种情况？**

在班级里进行民主选举，往往会产生一种让教师很尴尬的状况：教师看好的学生得票并不多，而教师认为不太听话、调皮捣蛋的学生反而得票不少。

《西游记》中有个齐天大圣孙悟空，大家都非常喜欢他。为什么呢？

——因为他神通广大。孙悟空有 72 般变化，上天下海，无所不能。一根金箍棒，降妖伏怪，打出无限威风；两只火眼金睛，明辨是非，能分人鬼善恶。

——因为他忠心耿耿。孙悟空力保师傅唐僧去西天取经，虽然经历九九八十一难，而且还经历了师傅的误解和师弟们的埋怨，但始终尊师敬长，不改初衷，丹心一片昭日月，肝胆相照情意深。

——因为他不畏艰险。去往西天的路上，山险水恶，障碍重重，妖魅魍魉，横行霸道。但他勇敢顽强，斗志如钢，逢山开路，遇水搭桥，吃苦耐劳，坚忍不拔，终于取得成功，被封为斗战胜佛。

——因为他扶危济困。只要他所到之处，遇弱小倾全力相帮，碰危急挺身而出，到处助人为乐，打抱不平。老百姓感谢他，称他为“活菩萨”。

……

然而，孙悟空也有缺点。比如，他办事急躁，喜欢耍弄小聪明，有时太淘气，不大讲究方法。但瑕不掩瑜，毕竟这些缺点是每一个人在进步过程中都可能会有的。在孙悟空的身上，优点和缺点都十分显著，因此，这位个性突出的美猴王既招人喜欢，有时候又让师傅着实头疼。

在教师的身边，就有不少孙悟空式的同学。他们脑袋灵，点子多，能吃苦，威信高，平时在同学圈里就是“头”，挺有号召力。可一到选举的时候，老师不愿选，嫌个性太强，主意太多，可同学喜欢。如果教师不尊重大家的意愿，不采纳选举的结果，往往这些“孙悟空”自己不服气，别人又管不了，有时甚至“花果山自立美猴王”，拉着人和班干部对着干。

教师该怎么办？

首先，教师要树立正确的儿童观、教育观和民主意识。热爱学生是教师职业道德的核心要求，是教师从事班主任工作的前提条件。作为未成年人，学生在成长的过程中有许多生理、心理特点，特别需要教师的帮助和指导。教师要按照学生的成长规律开展工作，就必须热爱他们，深入到他们中间，了解他们的成长需求，取得他们的理解和信任，把他们团结在班集体中，促进他们全面发展、健康成长。同时，热爱学生是一种强大的教育力量，能使同学们产生积极、愉悦的情绪体验，进而转化为自觉接受教育的内在动力，有助于消除他们的心理障碍，激发他们积极向上的热情。因此，教师对学生一定要平等对待，一视同仁，特别是对待个性突出、较为调皮的学生给予更多的关怀和指导。要宽严有度，耐心引导，严格要求而不盲目苛求，宽容理解而不放纵自流；要爱中有严，严中有爱，爱之愈深，教之愈严，严格要求与热爱关怀相互一致；要充分信任，相互尊重。教师要发挥班集体自我教育的功能，相信学生能够自己管理自己、自己教育自己，尊重他们的民主权利，帮助他们学会当家做主。尊重选举结果是维护少年儿童合法权益的表现，应该欣然接受，善加运用这一教育契机。

一些学生个性强不一定是坏事，关键是看个性发挥到什么地方，起到了什么作用。“人无完人，金无足赤。”选举班干部是有条件有标准的，但这些条件和标准是相对而言的。学生正处在身心的成长发育时期，表现不稳定，变化比较大，这都是正常现象。特别是那些看起来“淘气”“有刺儿”的“孙悟空”们，如果引导得法，信任和鼓励他们，用其所长，避其所短，调动起他们的积极性，会为集体做很多事情，他们自己也会进步得更快。如果因为他们个性太强就排斥他们，疏远他们，甚至歧视他们，不但会引起他们的逆反心理，对他们的成长进步不利，而且还会造成师生之间的隔阂，影响教育的效果。

班级实行民主选举，凡是学生都有选举权和被选举权，大家完全平等。选谁不选谁，大家说了算，教师不应该以自己的主观意志和个人好恶来决定班干部的人选，更不应该剥夺学生的民主权利。要知道，个性强并非缺点，点子多难能可贵，有这样的同学进入班委会，当班主任的助手，工作能力强，大家服气，是件好事。至于这些同学身上的缺点，只要严格要求，耐心帮助，是可以改正的。要学会辩证地看待“孙悟空”，千万不要学“唐僧”，拿紧箍咒套着孙悟空，只许他俯首帖耳，不许他敢想敢干。要是那样，集体还有什么活力？

有的教师特别喜欢“小绵羊”式的同学，这些同学温顺、听话，让朝东不敢向西，人云亦云，没有主见。这些同学当了班干部，除了帮助老师收作业、记考勤，甚至打小报告，搞小汇报，很难带领大家创造性地开展活动。长久下去，“小绵羊”会染上很多坏毛病，像盲从、懦弱、表里不一、不敢得罪人……影响自己的身心健康，也不利于集体建设。因此，教师的用人观念要改变，“孙悟空”需要磨炼，“小绵羊”更需要锻炼。取长补短，互相帮助，“小绵羊”和“孙悟空”都会变得很可爱。

## 016

**科任教师反映某位队干部上课总是违反纪律，批评后不见改正，要求免去他的队干部职务，班主任该如何对待？**

这个问题分析起来包括三个方面：一是这名队干部“上课总是违反纪律”，说明自我约束力不强，纪律观念淡薄，而且身为一名队干部，没有做到以身作则；二是“科任教师批评不见成效”，说明这名队干部并不是在所有科目的课堂上都不遵守纪律，说明他对这门课重视程度不够，学习态度不够端正；三是“科任教师要求罢免这名队干部的职务”，反映了任课教师对这名队干部的教育观念和对班主任的教育诉求，处理不妥容易影响教师之间的关系。

美国著名心理学家埃里克森将人格发展分为八个阶段，其中6–12岁的小学生正处于第四阶段，这一阶段的主要发展任务是：获得勤奋感，克服自卑感。

在这一时期里，同伴在衡量儿童本身的成功或失败中有着相当重要的作用。如果能成功地完成各种任务和从事社交或集体活动，儿童就会获得一种胜任感而避免自卑感的产生。这些成功的体验有助于在以后的社会中建立勤奋的特质，表现为乐于工作和有较好的适应性。因此，在教育这名学生的问题上，“队干部”的特殊身份正好可以成为解决问题的切入点，利用好这一要素就有可能解决其违反纪律的问题。反之，如果处理不好，很可能会对学生后期的人格形成产生负面影响。

首先，要通过恰当的方式，让这名队干部意识到“队干部”的意义和责任，知道自己除了应该热心为集体、为同学们服务，更重要的是以身作则，自律，自立，自强，做遵守纪律的榜样，做同学们的表率。佩戴上队干部的标志，就要时刻提醒自己，时刻约束自己，处处做表率。队干部是队员的带头人，无论在什么场合，都要做得最好，样样都带头，这样才能说话有人听，办事有人跟，树立起自己的威信，得到队员们的拥护。其次，要通过谈心等方式，摸清这名队干部不遵守课堂纪律的原因，如果是不喜欢、不重视这门课程，就要帮助其端正学习态度，讲清楚国家设立这门课程的道理，讲清楚时代发展对未来人才的成长要求，讲明白这门课程的特点和魅力。如果是因为不喜欢这门课程的任课教师，就要引导其认识尊师重教的道理，通过生动的事例帮助他认识到尊敬和爱戴老师的道理，使其懂得“为学莫重于尊师”，主动找科任教师承认错误，进行沟通，取得科任教师的谅解。

班主任与其他任课教师的配合非常重要，要保持同事之间理解、坦诚、合作的良好关系，形成教育合力。在教育这名队干部的过程中要主动找科任教师交换意见，共同寻找原因，共同商讨教育办法，通过恰当的方式让科任教师意识到队干部是队员们民主选举的结果，不能动不动就由教师任意罢免。总而言之，只有在相互配合、相互支持的基础上共同努力，才能达到立德树人、培根铸魂的目的。

## 017

**学生进入高年级后往往会把心事藏在心里，不愿意和家长、老师交流，作为班主任该怎样接近学生并了解他们的所思所想？**

要回答这个问题，首先要了解小学高年级学生的心理特点。

学生进入小学高年级以后，情绪的冲动性明显减少，情绪的自我调节能力不断提高，情绪逐渐稳定下来。随着年级的升高，他们的情绪总体有以下特点：稳定性在增长，内容在丰富，情感更加深刻，对是非的判断能力更准确。情绪的稳定与否，是一个人心理成熟与否的重要标志。这个阶段，学生的情绪逐渐稳定，说明他们在慢慢走向成熟。同时，小学高年级被称作青春初期。因此，学生进入高年级后往往会把心事藏在心里，不愿意和家长、老师交流，这种现象其实是正常的。

作为老师却很有必要了解学生的思想动态，以便对他们进行有针对性的教育和引导。首先，要让学生感受到来自教师的爱。“亲其师”才能“信其道”。要关心学生的学习和生活，帮助他们正确对待和处理成长过程中遇到的困扰和问题，拉近与学生的心理距离，取得他们的信任。在日常的班级生活中，及时捕捉他们的点滴进步并及时给予表扬和鼓励。其次，要利用好教育契机，主动与学生交流，认真倾听他们的心声，尤其是那些性格内向的学生，更要主动和他们沟通。在交流的过程中，要善于寻找学生感兴趣的话题，巧妙地使其打开心扉，做好一名忠实的听众，然后循循善诱，耐心引导。

教师要尊重学生，和他们平等对话，成为学生的“良师益友”。要做到与学生交心。因为年龄和身份的差异，学生对于老师往往会产生畏惧感，从而难以像对待同龄伙伴一样直言无忌。但只要教师放下架子，平等相待，学生一定会敞开心灵之窗。

教师要善于用学生喜欢的方式了解学生的所思所想，比如以学生的兴趣爱好作为突破口，可能会取得事半功倍的效果。例如学生喜欢画画，可以开展“我的心里 hua”活动，通过一幅或者一组画，告诉教师自己的快乐和苦恼，也可以通过文字的形式，把“话”写给教师看。教师通过各种方式，走进学生心里，准确把握学生的脉搏，才能做到答疑解惑，教书育人。

## 018

**“这么年轻，能带好班级吗？”“教师，您没有孩子吧，您能理解我们做父母的心吗？”刚参加工作的班主任，如何能赢得家长的信任？**

班主任队伍年轻化是普遍现象。刚参加工作的班主任既有热情又有激情，既活泼又活跃，既有亲和力也有亲近感。可是往往有些家长会心生怀疑，担心这么年轻的老师是否能胜任班主任的工作。

面对家长的不信任，年轻的班主任要给予足够的重视，通过各种方式与家长沟通，努力建立起相互信任、相互支持、紧密配合、勠力同心的教育关系。

首先，“打铁还需自身硬”。年轻教师要努力做到“学为人师，行为示范”，全面审视自身，严格要求自己，主动提升专业素养。一是静下心来学习，不断获取教育教学的新理念、新知识，不断拓宽自己的专业视野，提高自己的专业技能，发挥自己的专业特长，运用学生喜闻乐见的形式进行生动活泼的教育，加强班级文化建设，开展丰富多彩的活动，形成良好的班风班貌。二是积极主动请教。虚心向老教师学习，勤学，勤问，勤思考。“它山之石可以攻玉。”借鉴老教师的成功经验，结合自己的优势和班级的特点加以创新，就会取得事半功倍的效果。

其次，要珍惜和抓住与家长的每一次交往机会。著名教育家陶西平先生曾说过：“学校教育如果不与家庭、社会教育相结合，学校教育就显得苍白无力。”要真诚主动地与家长沟通交流，解答家长的疑惑。在交流的过程中注意文明礼貌，言行得体。面对家长的询问，做到客观介绍，理性阐述，控制好自己的情绪，耐心倾听家长的想法，科学回答家长的质疑。家长只有感受到教师的真诚和教育智慧、教育能力，才会产生信任，才会心悦诚服地接受教师的建议，配合教师教育孩子。针对不同类型的家长要采取不同的沟通策略，一把钥匙开一把锁。要珍惜和把握好每一次家长会，在家长面前公开亮相，是对年轻教师教育理念、教育能力和教育成果的集中检验和展示，要抓住这个契机，认真准备，全力以赴。不但要客观地介绍情况，把成绩讲够，还要把问题讲透，用自己的教育睿智征服家长。另外，落落大方的仪表、科学严谨的方略、真诚坦率的态度，一定会获得家长的好感，赢得家长的理解与信任。

此外，教育的根本任务是培养德智体美劳全面发展的人。年轻教师知识结构比较完整，教育理念较为先进，但是缺乏实践经验和带班方略，应该努力予以加强。要树立先进的教育理念，敢于冲破传统观念的束缚，在拓展路径、创新载体等方面大胆探索，注重启发式教育，激发学生的学习兴趣，培养学生的创新思维，教会学生如何学习，不仅学会书本上的东西，还要学会书本以外的知识。把学、思、知、行这四个字结合起来，做到学思的联系、知行的统一，使学生不仅学到知识，还要学会动手，学会动脑，学会做事，学会思考，学会做人，就一定能赢得家长的信任和爱戴。

第二章

# 品德教育

## 001

**国家设立了丰收节，但同学们不了解设立这个节日的重要意义，班主任该怎样向同学们进行诠释？**

2018年6月21日，国家将每年农历秋分设立为“中国农民丰收节”。

秋分，是农历二十四节气中的第16个节气，时间一般为每年的9月22–24日，太阳在到达黄经180度时。

秋分时太阳直射地球赤道，因此这一天24小时昼夜均分，各12小时。秋分过后，太阳直射点继续由赤道向南半球推移，北半球开始昼短夜长，南半球开始昼长夜短。

“立秋”是秋季的开始，到“霜降”为秋季终止，而“秋分”正好是从立秋到霜降90天的一半。

秋分时节，风和日丽，丹桂飘香，蟹肥菊黄，正是一派瓜果飘香谷满仓的丰收景象。传统意义上，秋分既是秋收冬藏的终点，更是春耕夏种的起点，正如我国华北地区的一句农谚所言及的：“白露早，寒露迟，秋分种麦正当时。”而“秋分天气白云来，处处好歌好稻栽”则反映出江南地区播种水稻正当时。

中国农民丰收节是经党中央批准、国务院批复设立的，意义重大。这个节日不仅蕴含着国家对乡村振兴和亿万农民的关怀，也寄予了对中华农耕文明和优秀文化传统的守望。设立“农民丰收节”，有助于宣传展示农耕文化的悠久厚重，传承弘扬中华优秀传统文化，推动传统文化和现代文明的有机融合，增强文化自信心和民族自豪感。从此，我国又多了一个普天同庆的节日，民间又添了一项新民俗。

中国农民丰收节是第一个由国家专门为农民设立的节日，充分体现了党和国家对“三农”工作的高度重视，以及对广大农民的深切关怀，是一件具有历史意义的大事，是一件蕴涵人民情怀的好事。设立中国农民丰收节，将极大调动起亿万农民的积极性、主动性、创造性，提升亿万农民的荣誉感、幸福感、获得感。农民占中国人口的最大多数，任何时候都不能忽视农业、忘记农民、淡漠农村。举办“中国农民丰收节”可以展示农村改革发展的巨大成就，展示中国农民的伟大创造，增强加快建设社会主义现代化农业强国的决心和信心。

众所周知，秋分时节，风和日丽，瓜果飘香，一派丰收景象。国家将每年的秋分设立为“中国农民丰收节”，既是对传统“二十四节气”这种古人智慧结晶的致敬与传承，同时更加体现了当代中国人知晓自然更替、顺应自然规律和适应可持续的生态发展观。

春种秋收，春华秋实，一年的辛勤耕耘，金秋时节硕果累累，最能体现出丰收的喜悦。对于班主任来说，“中国农民丰收节”更是一个可贵的教育契机。利用这个机会，可以开展各种主题活动，切实加强劳动教育、勤俭节约教育、保护环境教育、尊重农民热爱新农村的教育，倡导学生走进田间，亲身体验，充分感悟“一分耕耘，一分收获”的道理，从而感恩劳动人民，珍惜美好生活，永不忘本。

002

**2022年北京和张家口将承办世界冬奥会，怎样理解冬奥会的重要意义并动员同学们积极参加冰雪运动？**

2022年将在我国北京、张家口地区举办第24届冬季奥林匹克运动会。2013年11月，中国奥委会正式向国际奥委会提出由北京承办冰上项目比赛，张家口承办雪上项目的申请，申办成功，北京将成为全球唯一一个既举办过夏季奥运会，又举办过冬奥会的城市。

迄今为止，冬奥会尚未在中国这个世界上人口最多的国家举办过。举办2022年冬奥会将会助推北京及周边地区经济、社会、文化和生态环境可持续发展，弘扬体育促进人类健康和幸福生活的奥林匹克精神。

我们可以借助冬奥会的契机向学生普及冬奥知识，推动冰雪运动的普及，开展奥林匹克主题教育活动，如编写主题板报、手抄报，召开主题班队会。可以开展各种形式的冰雪活动，带领学生走进冰场，走进雪场，走进赛场，让学生参与冰雪活动，感受冰雪运动的魅力，提高对冰雪运动的兴趣。还可以因地制宜开展如旱地冰球、旱地冰壶、旱地滑雪等旱地冰雪项目课程，让学生可以在没有冰、没有雪的场地同样感受到冰雪运动带来的乐趣，在丰富学校体育教学内容的同时，让学生能够了解更多的冰雪知识，掌握更多的冰雪运动技能。除此之外，还可以举办一些具有集体性、娱乐性、游戏性的比赛，提高学生参与冰雪运动项目的热情。

## 003

**科学课讲到地球上的水循环，教师出示了尼亚加拉大瀑布的图片，一名同学说自己去过，还有几个同学附和，纷纷讲起了自己的旅游见闻，导致课堂秩序大乱，教师该怎样进行遵守课堂秩序的教育？**

科学课讲到水循环并且出示了尼亚加拉大瀑布的图片，引发了同学们的浓厚兴趣，结果大家说起了各自的旅游见闻，导致课堂秩序大乱，如果只是单纯地认为这是不遵守课堂纪律的行为，进行规则教育就有失偏颇。

美国心理学家班尼认为，如果某种环境具备积极向上的氛围，那么这环境中的人的工作表现和自身成就就是积极的。学生随意说话，是讲课的内容激发了他们对所学内容的兴趣，这是一个好现象。苏霍姆林斯基认为，教师最重要的是把学生看成活生生的人。构建积极的师生关系，要求教师树立以人为本的学生观。学生不是配合老师表演的工具，而是一个个鲜活的生命个体。从发展心理学的角度分析，小学生作为具有独立人格的人，这些随意说话的同学，正是希望通过讲述自己的旅游见闻，展现对教学内容的理解，同时也为获得同学们的关注、羡慕，进一步增强自信，满足自尊心与被尊重的需要。他们并非“故意捣乱”，教师不能在内心将自己与这些学生对立起来，应该因势利导，提高学生自我管理和控制的水平。因此，教师可以启发这些同学：“你们好像对瀑布很了解，那么能不能说说，瀑布里的水是从哪儿来的？”这样做，既调动了学生的探究兴趣，又巧妙地将全班同学的注意力拉回到了教学内容上。有的时候，鸦雀无声并不是我们追求的课堂氛围，相反，让学生开动脑筋，活跃起来，才是取得良好教学效果的正确做法。

## 004

**学生在学校学习期间会换几次任课教师，一些学生换了教师后，见到以前的任课教师不打招呼，形如路人，这种现象说明了什么？**

很多教师都有这样的经历：在校园里或者上下班的路上，迎面遇见自己教过的学生，有的热情地打招呼，很有礼貌，有的则假装没看见或者一低头就过去了。是什么原因导致这种情况发生呢？

见到老师不主动打招呼的学生，可能是因为性格内向，有些害羞，也有的是因为过去被老师批评过，有些忌恨，但更主要的原因在于缺乏尊师之礼、感恩之心，同时也暴露出我们的文明礼仪教育存在欠缺。

中国是礼仪之邦，礼仪是人们在社会活动和交往过程中形成的规范与准则。讲究礼仪并不是个人的小节，是家风、校风和社会风气的现实反映，是一个民族重视精神文明建设的具体标志，是社会主义核心价值观的体现。对于个人来说，讲礼仪可以使我们建立自尊、增强自信，能够帮助我们处理好各种人际关系。对于社会来说，讲礼仪能够改善人们的道德观念，净化社会风气。因此，教师应该特别重视对学生的礼仪教育。

教育部制定的《中小学生日常行为规范》第7条指出“孝敬父母、尊敬师长、礼貌待人”。平时我们不但要引导学生学习理解，更要指导他们去努力践行。

学校是传授知识，传承文明的地方。学校有学校的规矩，学生有学生的礼仪。制度要执行，规矩要遵守，学校才像个学校；礼仪要规范，举止要文明，学生才像个学生。

学好礼仪，用好礼仪，关键在形成规范，养成习惯。同学们由于年龄小，缺乏分辨是非、善恶、美丑的能力，很容易受到不良因素的影响。自古以来，欲成大事，要拘小节，只有在实际生活中积小善，执礼仪，才能成大德，有作为。

有些同学见了老师不打招呼，甚至视而不见，不管出于什么原因，根源在于缺乏感恩意识。

古人说：“滴水之恩，须当涌泉相报。”

知恩图报就要感恩与报恩。“感恩”是一种心灵的认同。我们生活在大自然里，大自然赋予我们阳光、空气、水……恩赐太多太多。没有大自然谁也活不下去，这是最简单的道理。对太阳的“感恩”，那是对温暖的领悟；对蓝天的“感恩”，那是我们对纯净的认可；对草原的“感恩”，那是我们对“野火烧不尽，春风吹又生”的叹服；对大海的“感恩”，那是我们对海纳百川、兼收并蓄的一种憧憬。

感恩，是我们民族的优良传统，也是一个正直的人的起码品德。父母对我们有养育之恩，老师对我们有教育之恩，同学对我们有帮助之恩，社会对我们有关爱之恩，人民军队对我们有保卫之恩，中华民族给了我们繁衍生息之恩，党和国家给了我们安居乐业之恩……赠人玫瑰，手有余香。一个经常怀着感恩之心的人，心地坦荡，胸怀宽广，会自觉自愿地给人以帮助，助人为乐，也会自然、自觉地讲究文明礼仪，对辛勤教导过自己的教师发自内心地予以尊敬，施以礼仪。

古人讲：“知恩图报，善莫大焉。”这说明在古代人们就把知恩图报作为价值取向，作为精神追求。无论时代怎样变迁，社会如何变化，古往今来，它始终都是世人普遍崇尚的美德。

让我们把感恩教育做得更深更细，使学生都在心底拥有一份尊师重教和

“滴水之恩，涌泉相报”的良知，并转换为一种责任，锤炼为一种品质，形成一种习惯，永远传承和发扬下去。

## 005

**有的小干部遇到不良情况不是去制止，而是记下来悄悄向班主任汇报，班主任该如何对待这种行为？**

班级是学校教育教学的基本单位，班级建设中小干部发挥了十分重要的作用，“火车跑得快，全凭车头带”，需要班主任精心培养，科学引导。

班主任首先要摆正小干部的定位，不要单纯将小干部当成自己的助手，而是应该将其作为立德树人、培根铸魂的重要途径，指导和帮助小干部为集体服务，充分发挥他们的热情和智慧，培养和提高他们的各种能力，要求他们做到以身作则、甘于奉献、认真负责、礼貌待人、勇敢活泼、讲究效率、主动创新、大公无私。

小干部是同学们的服务者，由学生民主选举产生，代表学生利益、愿望、需要、意志，在班主任的带领下全心全意为大家服务，对集体负责，是大家的“公仆”。因此，遇到不良情况不仅要如实向班主任反映情况，更应该挺身而出，主动制止，积极去做工作，这样才能发挥凝聚作用。班主任要通过培训，让小干部认识到自己的岗位与责任，学会负责与担当，紧紧团结、依靠大家，把同学们聚合成一个坚强的集体。在工作中把大家的呼声和合理化建议集中起来，反馈给班主任，同时将班主任的教育意图转达给大家并形成集体行动，与大家一起执行。

小干部是集体的领头人，带领学习，带领活动，带领工作，带领进步。小干部的带领作用是在他们的具体工作中体现的，作为集体中的优秀者，他们的品德、才能、言行具有一定的影响力。以身作则当表率，不但要有自我约束力，而且会在需要的时候勇敢地站出来，履行职责，大胆工作，公平公正地处理问题，这正是班主任要对小干部着力培养的重要品质。

班主任要有意识地树立小干部在集体中的威信，尊重和信任他们，保护他们的积极性，为他们履职尽责创造条件。小干部在班级日常管理中遇到大大小小的问题时，班主任要鼓励、引导他们勇敢面对，积极解决。对于小干部的工作成果要给予及时肯定和表扬，让同学们看到他们的付出，理解他们的努力，同时鼓励小干部之间形成良性竞争，比学习，比工作，比进步，树立良好班风。

## 006

**小利的妈妈得了白血病，骨髓移植失败后，爸爸希望配型成功的他能为妈妈捐献骨髓。小利同意但提出了条件，给爸爸开了一个电子产品的购物单。爸爸见了很郁闷，希望教师协助教育。作为班主任该怎么办?**

这是一个极端事例，却提出了一个普遍的教育问题，即“百善孝为先”的教育。

人生在世有三种最珍贵的情感，就是亲情、爱情、友情。亲情温馨，爱情缠绵，友情真挚，三者之中最为无私的莫过于亲人之爱，尤其是父母之爱。

班主任要通过各种形式，利用母亲节、父亲节等教育契机，开展丰富多彩的活动，使同学们认识到是母亲十月怀胎，冒着生命的危险，把我们带到这个世界上来，给了我们人生的快乐。是母亲，含辛茹苦，百般呵护，精心哺育我们健康成长，给了我们人生的幸福。母亲是世界上最伟大的女性。母爱是人世间最伟大、最无私、最宝贵的爱。

曾经有一位班主任，带领同学们开展了一个饶有情趣的“护蛋行动”。2月26日，班主任向大家布置纪念三八妇女节的系列活动，当黑板上出现“护蛋3天”的字样后同学们全都哈哈大笑起来，什么“蛋”？是要大家像母鸡一样孵蛋吗？当老师宣布每个人都要精心挑选一颗生鸡蛋，三天内要像母亲孕育我们10个月一样保证蛋的安全时，同学们才有所醒悟。

护蛋行动开始了！

第一天，同学们都对自己的鸡蛋采取了各种各样的保护措施。中午还迫不及待地拿出来进行检查，有的同学看到自己的鸡蛋裂口了，赶紧用胶带纸进行多层保护。

护蛋第二天，42个人中有3人的鸡蛋破了，占总数7%。大家更加小心翼翼地呵护着自己的“蛋”。

护蛋第三天，尽管同学们很用心，但还是破了4个蛋。

老师让大家在周末用自己护的蛋给家长做一份温馨早餐，可有的同学却舍不得了，有的想留下鸡蛋壳做个纪念。大家都感慨三天护蛋如此艰难，母亲十月怀胎该多么辛苦。简单的体验让大家感受到了母爱的伟大。

接着，班里开展了另外一项活动：听妈妈讲自己成长的故事。大家都很积极，听妈妈讲了许多趣闻，有的生病让妈妈夜不能寐，有的调皮让妈妈操心受累，有的犯错让妈妈深深自责……从一件件娓娓道来的小事中，同学们深切地感受到父母对自己无微不至的呵护。

于是，同学们决心为妈妈做一件事，表达对妈妈的一片心意。大家从家中悄悄拿来针线，每人做了一个小坐垫。绝大多数同学是第一次拿起针线，笨手笨脚，有的还扎破了手，但没有一个人放弃，大家把浓浓的爱意和祝福绣进了坐垫中，感恩变成了实实在在的行动。

班会开始了，当妈妈们听完同学们的汇报，才发现自己的屁股底下那个小小的坐垫，大家纷纷拿起来仔细观瞧，有的还情不自禁流出了热泪。在和妈妈的拥抱中一股温暖沁入心田，感恩母亲的赤诚让中华美德得到传承。

父母的爱，山高海深；父母的恩，三生难报！一个人无论取得多么辉煌的成就，如果对父母不孝，所有的荣誉都将黯然失色。一个人无论拥有多么巨大的财富，如果不能感恩，所有的金钱都将失去价值。“百善孝为先。”仁爱孝悌是中华民族的传统美德。“仁者爱人”，“树无根不活，人无根不成”。孝是人根，人为家根，家为国根，根正天下平。只有形成浓烈和谐的家庭亲情，进而扩展到“四海之内皆兄弟”，才能使中华民族大家庭充满人情味和向心力，永远屹立于世界民族之林。

“树木的繁茂归功于土地的养育，儿女的成长归功于父母的辛劳。”长辈们无微不至地关怀下一代成长，同时，又辛勤地工作，为祖国的建设贡献自己的力量，他们是多么可亲可敬，值得孝顺。中国有句古语：“百善孝为先”，意思是说，孝敬父母在各种美德中占据首位。一个人如果连父母都不知道孝敬，很难想象他会热爱祖国和人民。

“老吾老，以及人之老；幼吾幼，以及人之幼。”真正的孝有三种境界，一是养父母之身，不管多么困难，也要竭尽全力赡养老人；二是怡父母之心，承欢父母膝下，和颜悦色，博父母欢心，开解父母胸中愁烦，使父母保持精神愉快；三是行父母之志，牢记父母教诲，发扬父母德业，实现父母志愿和期望，弥补父母不足，不懈努力，完善自身，以求报效国家。这三个方面融会贯通并行不悖，才是真正的孝。

儿女对父母与父母对儿女永远不可同日而语。父母照顾子女的时候，子女不觉得；等到父母需要照顾的时候，才觉得亏欠他们太多太多了。子女如果能用父母对待子女的心去对待父母，那才是合格的子女。人生百善孝为先，学会感恩，会使世界更美好，使生活更加充实。

当前，随着人们生活水平的提高、医学常识的普及和医疗条件的改善，人的平均寿命不断延长，老人在人口中的比重明显增加。因此，如何对待长辈是一个重要的社会问题。教师应该教育学生从小培养孝敬父母、尊敬长辈的优良品德，长大后承担起赡养父母、长辈的义务，让他们老有所养，老有所乐，让中华民族孝亲敬长的美德代代相传！

## 007

**一些高年级学生过度关注演艺圈，追捧流量明星，把一些恶搞低俗的内容当成是有趣，还有人不断打赏，而对国家大事不感兴趣漠不关心，对先进人物时代先锋知之甚少，作为班主任该如何进行引导?**

这个问题的实质是社会主义核心价值观的教育问题。

所谓价值观，是人们区分是非、善恶、美丑等方面的标准并指导行为的心理倾向系统。它不仅是个人人格结构的核心，也是社会文化形态的反映。少年儿童是祖国的未来，他们的价值观构建不仅关系到自身的成长发展，还关系到国家的前途命运，所以帮助学生树立正确的价值观是班主任不可推卸的责任。

如何培育和践行社会主义核心价值观，习近平总书记2014年5月30日在参加北京市海淀区民族小学主题活动时强调指出：要适应少年儿童的年龄和特点。我看，主要是要做到记住要求、心有榜样、从小做起、接受帮助……心有榜样，就是要学习英雄人物、先进人物、美好事物，在学习中养成好的思想品德追求。我国历史上有很多少年英雄的故事，在中国共产党领导人民进行的革命、建设、改革事业中也涌现了大批少年英雄……过去电影《红孩子》《小兵张嘎》《鸡毛信》《英雄小八路》《草原英雄小姐妹》等说的就是一些少年英雄的故事。今天，好儿童、好少年就更多了……

班主任要突出价值引领，结合学生年龄特点和生活学习实际，持续不断地开展“从小学先锋、长大做先锋”的主题教育，让榜样的力量在学生中内化于心、外化于行。要用符合少年儿童特点的内容和方式，开展好理想信念的启蒙教育，引导学生听党话、跟党走，从小立志向、有梦想，抓住教育契机，开展党史、国史、近现代史和革命传统教育，用主旋律、正能量引导少年儿童健康成长。要加强机制建设，多设计一些活动载体，把榜样教育具体化、儿童化，贯穿在素质教育全过程。春风化雨，浸润心灵，整合资源，家校合作，创新载体，让同学们在网络空间中传递榜样能量，在良好氛围中培根铸魂。

## 008

**小明将同学参加班级活动的照片进行修整，并配上文字制作成“恶搞表情包”后在朋友圈中发布，引起了大家的反感，但也有人认为很好玩。班主任该如何进行教育引导？**

这个问题属于学生品德教育问题，解决这一问题要从自媒体时代的大背景和学生的心理发展特点入手。

自媒体时代是指以个人传播为主，以现代化、电子化手段，向不特定的大多数或者特定的个人传递规范性及非规范性信息的媒介时代。在互联网和手机通信飞速发展的今天，微信朋友圈、微博、抖音等网络平台成了学生日常交际的媒介。同时，这些网络平台充分自主和自由的特点，也成为学生摆脱家长和老师束缚展示自我的舞台。小明能将同学参加班级活动的照片进行修整，并配上文字制作成“恶搞表情包”，展示了自己修图的技能和创意，并且利用了网络平台在一定范围内传播，说明他具有一定的相关知识和技能。这是需要鼓励的。但是，小明未经同学允许将其照片肆意修改并配以文字制成恶搞表情包的行为是不文明的，严格上来说是违法的行为，侵害了他人的肖像权，在一定程度上损害了别人的合法权益。肖像权是公民享有的权益，他人不得干涉和侵犯。具体表现为：一是公民有权禁止他人未经自己允许制作自己的肖像；二是公民有权禁止他人未经允许使用自己的肖像；三是公民有权禁止他人对自己的肖像进行毁损、玷污、筹划和歪曲。这个道理需要严肃地向小明讲清，并对他进行文明礼貌教育和法制教育，要求他向被侵犯的同学道歉并取得谅解，同时，班主任应利用这一事件对全班同学进行教育。

行为心理学家马斯洛将人的需要分为五个层次：生理需要、安全需要、社交需要、尊重需要和自我实现需要。小明的行为更多侧重于社交需要和自我实现需要。他将制作完成的恶搞表情包发送在朋友圈中，首先想得到班级同学对自己的关注，并以此作为他和同学、朋友之间的谈资。其次，小明想得到大家对于他修图技巧和制图创意的认可和赞扬，展现自己的才华。

基于以上两点，班主任对小明的教育引导要特别注意方式方法，考虑到小明属于未成年人，应该从少年儿童的身心特点出发，循循善诱，晓以利害，帮助小明明确是非，改正错误。同时，可以鼓励他运用自己的特长，从守正创新的角度出发，将班里的好人好事通过表情包的方式加以褒扬，为班级文化建设做出贡献。

互联网给教育带来极大便利的同时也带来了严峻的挑战，利用好了事半功倍，利用不好会产生负面作用，危及学生身心健康。教师不仅要向学生普及网络安全知识，传授网络传播技能，更要对学生进行法律法规教育，安全上网，文明上网。

## 009

**学校实行循环用书制度，开学初把书发给学生，期末回收后学校统一对这些书进行消毒、整理，发给下一届学生继续使用。在回收的时候发现一些书有损坏、乱涂乱画、撕折的现象，班主任该怎样对学生进行教育？**

循环用书既是节约资源的有力措施，又是对学生进行勤俭节约教育的重要手段。我们一直在喊环保口号，一直在强调节约资源，也一直在倡导节约用纸。科学合理地使用教科书，提高教科书的使用效益，增强学生保护环境、节约能源的意识意义重大，必须持之不懈。

循环使用的教科书属于公共资源，由国家免费提供，学校集中管理，学生免费使用，实行年度纵向循环，不属于学生个人所有。学校对循环用书的登记、发放、回收、统计、消毒、保管、更新等各项工作应有具体规定，解决好实施过程中出现的各种问题，保证学生有书用，用好书。

循环用书属于新生事物，要通过各种方式对学生加强教育宣传，提高他们对循环用书的认识。班主任可以通过班队会、家长会以及开展主题活动、利用黑板报等形式，向学生和家长宣传循环用书的重要性和必要性，使大家懂得循环用书是节约教育资金、节约能源、构建节约型社会的需要，是培养学生勤俭节约、回馈社会、关爱他人等优秀品质的有效途径。要积极引导学生树立循环用书的意识，表彰先进，树立典型，推动循环用书的有效实施。班主任要教育学生节约资源，爱护课本，做到“四不”，即不乱写、不乱画、不署名、不毁坏，“四无”即无破损、无缺页、无污染、无褶皱，养成良好的学习习惯，增强学生的责任意识和环境保护意识。对任意涂画和损坏的现象进行批评，涂画和损坏严重的由学生照价赔偿。

“历览前贤国与家，成由勤俭败由奢。”节约是中华民族的传统美德，班主任要重视对学生的节俭教育，善于发现问题，积极教育引导，由此及彼，由循环用书到生活中的各种细节，帮助学生逐步养成勤俭节约的好习惯。

教育引导时可从了解一本书的诞生开始，如果是中高年级，可以放手让学生自己去调查，收集资料，通过造纸、排版、装帧、印刷、裁切、配页、装订、包装等工艺流程，通过酝酿、策划、编写、统稿、审定等脑力劳动过程让学生形象地了解一本书的来之不易，要珍惜劳动成果。也可以让学生通过计算教材所耗费的能源（每个人一年使用的教科书需要砍树约 0.08 棵，需净水约 0.4 吨，耗电约 2.4 度，还要产生高浓度污水约 1.2 吨。目前，我国在校学生 2.2 亿人，教科书用量极大，按每人每年课本平均重 2 500 克计算，我国每年中小学生使用的教科书需耗费纸张 5 万吨之多，多生产一吨纸要用 20 多棵 10 年树龄以上的大树，55 万吨纸就要砍伐大树 1 100 多万棵。我国森林覆盖率仅 18%，全国 36 个林区已有 27 个无树可伐，而我们至今仍人均年消费生活用纸 2 公斤多，国均年消费 6 000 多万棵 10 年树龄以上大树），让学生切实感受到节约资源、保护环境迫在眉睫，从而增强循环用书、爱护用书的自觉性，让有限的资源发挥更大的作用，造福更多的人。

与此同时，还可以组织开展节约环保小达人活动，展示自己如何保护书籍及生活中的节约保环小妙招，将节约的意识落实到行动上，并将活动理念分享给大家，倡导大家都来循环用书，养成爱书的好习惯，争做节约好少年。

## 010

**开学竞选班干部，学生主动申报岗位，竞争班长岗位的人很多，但愿意担任劳动委员的人却很少，班主任该怎样面对这种情况？**

开学竞选班干部，学生主动申报岗位是好现象，是班级充满活力的表现，也是班主任进行教育的良好契机。竞争班长岗位的人很多，但愿意担任劳动委员的人却很少，说明在一部分同学的头脑当中对班干部是什么，当班干部为了什么存在错误的认识，应该进行适时的教育引导。

受到“官本位”不良思想的影响，有些同学追求权力，看中职务，认为当班干部就是当“官”，“官”越大越好，不但可以出人头地，风光八面，而且可以颐指气使，捞取好处，班长是一班之长，是“头”，劳动委员要出力流汗，甚至费力不讨好，因此，有人抢着当班长，却不愿意当劳动委员。因此，班主任首先要做的就是引导大家端正认识，纠正竞选动机，树立为集体服务，当好班级勤务员的意识。

班干部无论什么职务，都代表着岗位、责任和义务，代表着光荣、信任和骄傲。有些同学认为班干部就是“官”，手里有权，能够管人，可以命令别人做事情，够爽带劲；当班干部有“好处”，能够得到老师关照，容易得到老师的信任和宠爱，“近水楼台先得月”；当班干部是“人上人”，可以对同学喝五吆六，威风八面，感觉特好、特“酷”。这些看法都是错误的。

中国共产党从成立的第一天起就把全心全意为人民服务作为自己的根本宗旨。共产党的干部是人民的公仆，是人民的勤务员。从老一辈的无产阶级革命家毛泽东、周恩来、朱德、刘少奇、邓小平，到张思德、雷锋、焦裕禄、孔繁森……都是一心为人民无私奉献的光辉典范。

领导干部的楷模孔繁森原是中共山东聊城地委宣传部副部长，1979 年、1985 年孔繁森两次响应党的号召支援西藏。位于祖国西南边陲的西藏号称世界屋脊，气候无常，环境恶劣，特别是阿里地区，更是地广人稀，环境十分艰苦，开展工作非常困难。孔繁森告别了生活不能自理的高龄老母，扔下三个还没成年的孩子，离开动过几次大手术、体弱多病的妻子，毅然来到雪域高原之上，他说：“我是党的干部，我服从组织安排。”在不到两年的时间内，孔繁森跑了98个乡，行程8万多公里，喝雪水，吃干肉是经常事。不到一个月，孔繁森的体重掉了14公斤。由于劳累过度，直肠病复发，鲜血染红了内裤，但他始终瞒着大家坚守在工作岗位上。通过深入的调查研究，他带领大家制定出了阿里地区的发展规划，给藏族乡亲们点燃了希望之火。孔繁森亲自抚养了三个藏族孤儿，抚养需要钱，孔繁森三次献血，把得来的钱用在三个孩子身上。一位藏族老人的脚冻伤了，孔繁森二话不说，解开衣服就把老人的双脚抱在自己怀里，他不但在第二天给老人送去了新棉鞋，而且把自己的风衣和仅有的30多元也送给了老阿爸。1994年11月29日，无情的车祸夺去了孔繁森的生命，人们清点他的遗物，发现他这个地委书记身上竟然只有8.6元钱。孔繁森没有留下金钱，但他写的关于发展阿里经济的12条建议却是无价的财富。孔繁森走了，高山仰止，大河呜咽，阿里人民痛哭失声。孔繁森用热爱人民、无私奉献的精神，树立起一座永远的丰碑，一座为人民服务的丰碑！

正因为我们的党有着这样无数的好干部，才能始终坚持立党为公、执政为民，才能得到广大人民群众的拥护和爱戴，才能成为领导社会主义现代化建设的核心力量。

我们要听党话，跟党走，做党的好孩子，就要学习这些为人们服务的先锋榜样，把党的宗旨作为自己成长的座右铭，从小立志报效祖国、报效人民，全心全意为集体服务。班干部不是特权阶层，而是服务人员，以服务同学、班级、学校为己任，在为同学服务的时候，也提高自己的各项能力。

班干部是带动集体前进的火车头，当好火车头是光荣的，同时也是很辛苦的。不能把当火车头只看作是“很风光”的事情，肩上有责任，同学有期望，要做同学们的好榜样，必须时时处处严格要求自己，要勇敢地去战胜困难，要不断地“学习、学习、再学习”。

班干部有职务，每个职务只是分工不同，但都是平等的，没有高低贵贱之分。有的时候，不是谁的票数最多谁就当班长，谁担任什么职务要看综合条件。班长应该具有较强的组织能力、协调能力、沟通能力、凝聚能力，这样才能将班委会一班人紧紧地团结在一起。有些同学因为某种原因不是票数最高的，可他当班长却是最合适的。无论哪一个工作岗位，都是为集体服务，都可以施展自己的才华，都可以做出成绩。雷锋有句名言：“光荣的人注视着祖国的事业，虚荣的人注视着自己的名字。”

班委会不管岗位多少，职务怎样，都必须遵循民主集中制。班委会在开展工作的时候，要坚持从同学中来，到同学中去，对集体负责，走群众路线；在订计划、做决议的时候，虚心听取大家意见，平等交换意见，尊重大家的民主权利，调动和发挥每一名班委的积极性和创造精神。大家的工作既有分工，也有合作；既要服从统一意志，集体决议，也要有个人创造发挥的空间。就像两只手十个指头弹钢琴，要配合默契，紧密团结，才能演奏出和谐优美的乐章；又像合唱队里的领唱，既要引领大家演唱，也要融入集体演唱，既位置突出，发挥好带头作用，又是普通一员，与大家和谐相处。

与此同时，班主任应施行小干部轮流任职，也就是小干部轮换制，目的是让更多的同学在岗位上增长才干，提高能力，得到锻炼。要多设立一些岗位，比如，让同学们都能在自己的岗位上尽职尽责，体验到为集体服务的快乐，以及为集体工作的甘苦。

班干部的服务意识是需要班主任长期正向引导才能形成的，要坚持不懈，久久为功。

## 011

**某同学学习成绩优异，待人彬彬有礼，但是却有一个坏习惯，爱随便动别人的东西。班主任如何帮助他改掉这个坏习惯？**

有些同学特别是低年级同学有个坏习惯，就是喜欢随便动别人的东西，甚至不告而取，把不属于自己的东西带回家，面对这种情况班主任该如何看待并进行教育引导呢？

首先，要调查研究，弄清楚学生这样做的原因，然后对症下药，进行教育，千万不要过于敏感，动辄就视为学生有“偷摸”行为，不分青红皂白严加追问，甚至通报家长严厉处罚；也不能满不在乎，认为这是生活小节，无关大碍，因而视而不见，置若罔闻。要认真谨慎对待，探究学生行为的动机，进行耐心教育，动之以情，晓之以理，帮助学生改正不良行为。

绝大多数学生产生这类行为只是感到好奇，出于新鲜，“那个东西我没有”“那个东西我喜欢”“你有我也想要”……班主任不但要教育学生学会尊重别人，不随便乱动别人的东西，讲文明，懂礼貌，而且要让学生拿了别人的东西就得还给人家并当面道歉。同时，要给学生讲清道理，让学生明白不是自己的东西，没有经过别人的同意是不能动或者拿的。要指导学生认识自己的所有权，属于自己的东西自己有权使用和安排，属于别人的东西不能随意乱动或者拿来占为己有。

儿童心理学研究分析，学生产生这种行为由两种心理因素引起：一是强烈的占有欲望，对自己感兴趣的东西充满好奇心，而且想马上获得或者体验。另一原因是学生有一种异乎成人的冒险心理，他们心想：我动了别人的东西，只有自己知道，别人却不知道，这是多刺激和神秘的事情呀。可见这主要是在外界诱因的驱使下，通过自身的心理活动而形成的。如果不给予正确的引导，就会逐渐演变成不良习惯，后果很严重。因此，班主任在发现孩子有这种行为时，一定要引起足够的重视，抓紧教育，帮助学生塑造良好的品德和行为习惯。

班主任可以通过集体讨论、集体力量开展集体教育，但对事不对人，例如召开“讲故事，习美德”主题班会，通过《路不拾遗》《君子不食嗟来之食》《君子爱财取之有道》等故事树立学习榜样。讨论集体生活中，我们个人怎么做才能自由宽松不逾矩，明确集体生活中的相处之道，制定相关的班规班约。

班主任在与家长沟通时一定要讲究方式方法，对于不大懂教育的家长要耐心讲清楚儿童心理学的相关知识，讲清楚对这类行为早预防早纠正的重要性，并推荐一些有效的方法。对于有相当学历的家长，则要共同分析，共同商定教育方案，紧密配合形成教育合力。但无论面对什么样的家长，班主任都应告诫家长千万不要鄙视孩子，甚至威胁惩罚孩子。

## 012

**课间，两个同学拿着手中的测试卷争吵，一个说自己就是聪明，对方永远考不过自己；另一个说自己也很聪明，只是一时马虎了。作为班主任该怎么加以引导？**

班里每次测试后往往会出现“几家欢乐几家愁”的现象，有的学生因取得了理想的成绩而沾沾自喜，甚至骄傲自大，看不起别人；也有学生对成绩不太满意失望沮丧，寻找各种理由为自己开脱。在这种现象背后，隐藏着思想品质教育的大问题，班主任一定要认真对待。

面对考试成绩不理想情绪低落的同学，班主任要帮助他们查找原因，在学习与生活中勇敢面对挫折与失败，增强自信心，正确认识和评价自己，懂得只有自信才能自立、自强。全面发展的高素质人才应该是充满自信，能够自立和自强的人。成绩不理想要从主观上查找原因，不要找借口原谅自己，满不在乎，也不要失去自信，一蹶不振。要引导学生认识自我并了解自身的优点与长处，缺点和不足，增强自信心，做一个乐观向上、积极进取的阳光少年。通过教育引导，使同学们认识到自信是一个人对自己的积极态度，是对自己能力的充分估计和肯定。自信就是发现自己、相信自己。自信就是要欣赏自己、重视自己，同时还要学会欣赏他人，取长补短。自信就是活泼、坦诚、大胆、勇敢。自信就是要使不可能变成可能，使可能变成现实。自信是一种健康的心理表现，是一个人对自己力量的确信，深信自己一定能完成目标，要敢于对自己说：相信自己，一定能行！

在教育过程中，可以举一些例子，为学生树立学习的榜样。邓亚萍说：我自信，我成功！凭着这种精神，她在世界大赛中屡克强敌，即使在比分落后时也能镇定自若，信心百倍，反败为胜，夺取了世界冠军。也可以推荐一些名言警句激励他们。如爱迪生：自信是成功的第一秘诀。苏轼：古之立大事者，不唯有超世之才，亦必有坚忍不拔之志等。

对于那些有些骄傲情绪的学生也要进行教育，讲清楚“虚心使人进步，骄傲使人落后”的道理，“骄傲”会使人变得目光短浅，心胸狭窄，是一个人成长路上的“绊脚石”。一个人真正的聪明之处在于永不满足、脚踏实地、不懈努力，要学会赏识别人，用发展的眼光看待自己，看待同学。每个人都有自己的长处，不能只盯着分数论英雄。“三人行，必有我师”，要主动去发现别人的优点，借鉴别人好的学习方法，虚心求教，取长补短，“百尺竿头，更进一步”。测评取得好成绩固然可喜，但却不是评价自己聪明与否的唯一标准，德智体美劳全面发展才是好学生。

班主任在班级文化建设中要因势利导，通过各种手段，形成正确的班级舆论导向，培养学生“胜不骄，败不馁”的良好心态，营造勤学、乐学、善学的学习氛围。

## 013

**国家提倡“光盘行动”，食堂根据班级学生数量送餐，可有的学生在校吃午餐时挑食，不喜欢吃的就不盛或是餐后倒掉，有的同学下午饿着肚子上课，有的同学偷偷吃家长给带的零食。作为班主任该怎样对学生进行健康饮食、珍惜粮食的教育？**

为贯彻落实习近平总书记关于坚决制止餐饮浪费行为的重要指示精神，坚决制止学校餐饮浪费行为，切实培养学生勤俭节约习惯，2020 年 9 月，教育部发布了《教育系统“制止餐饮浪费培养节约习惯”行动方案》。

《方案》明确要求，学校要引导广大师生牢固树立勤俭节约意识，切实养成勤俭节约的良好习惯。建立健全学校餐饮节约管理长效机制，结合绿色学校创建，因校制宜制定针对性、操作性、实效性强的举措，从根本上解决学校餐饮浪费问题。

广泛开展教育宣传工作，大力推动光盘行动常态化，是班主任德育工作的重要内容。要结合实际制定节约用餐规范，建立激励机制，引导学生关注和参与到光盘行动中来，培养学生尊重劳动和爱惜食物的思想意识，组织学生走出课堂，走向田间地头和社会实践基地，广泛开展实践体验活动。

“节约粮食光荣、浪费粮食可耻”，勤俭节约是中华民族的美德。班主任要通过开展丰富多彩的主题教育活动，引导学生懂得“粒粒皆辛苦”“积少成多、涓滴入海”的道理，让光盘行动成为自觉的行为习惯。

在开展教育的过程中，要有的放矢，加强针对性，引导学生走出认识的误区，如“食物是我自己花钱买的，我扔掉不算浪费。”“这些饭菜不好吃，不爱吃，所以扔掉。”要让学生了解一个馒头从麦子播种到成熟，从收割到走上餐桌，需要多少人付出劳动，经过多少道工序，浪费的不仅仅是馒头本身，还有对劳动者的轻视，对劳动成果的漠视。积小成大，就会养成大手大脚、挥霍浪费的恶习，因此，要从光盘行动做起，培养厉行节约不浪费的好品质。

班主任在教育过程中可以通过“文明监督岗”“文明就餐监督员”等形式，建立以学生为主体的文明就餐监督志愿者队伍，加强自我管理和自我监督。同时还要建立家校共育机制，加强家校合作，强化家庭教育，引导家长与学校共同纠正学生的不良饮食习惯。

“一粥一饭当思来之不易，半丝半缕恒念物力维艰。”从餐饮开始，将口号变为行动，将行动化为习惯。在校就餐时，根据自己食量确定饭菜数量，做到适度适量，吃饱为好。在家用餐时，吃多少盛多少，不挑食不偏食，不扔剩饭剩菜。外出吃饭点菜时，不比阔气，不讲排场，确有剩菜，尽量打包。逢年过节，走亲访友，合理安排膳食，不攀比浪费，不暴饮暴食。班主任要动员学生要争当勤俭节约的行动表率，要做“光盘行动”的宣传使者，从自己的家庭做起，发动和监督自己的亲朋好友都参加到“光盘行动”中来，都来做一名“节约达人”。通过小手牵大手，使节约光荣延伸到校园外，让更多的人向浪费说不，共同为建设文明、和谐、低碳、绿色、环保的社会环境做出自己应有的贡献。

## 014

**一个月前学校组织春游，班主任要求大家零用钱不要超过 20 元。小明花光了自己带的钱之后向其他同学借，开始没有人愿意借给他，后来他承诺谁借给他 3 元一周之后还 30 元，于是有位女同学把钱借给了他。可是，一周过去了他却没有还钱。这位女同学告诉了班主任，班主任该如何处理？**

这个案例反映了三个方面的问题：一是小明花光了自己带的 20 元钱之后向其他同学借有没有必要，如果没有必要则说明小明平时花钱大手大脚，没有勤俭节约的意识；二是小明向同学借钱，而且承诺借 3 元一周之后还 30 元，到时却没有还钱，属于求借方式不对且缺乏诚信；三是这位借钱给小明的女同学助人的目的不纯。因此，这些问题应该引起班主任足够的重视，及时进行教育。

首先，班主任要通过这件事对大家进行勤俭节约的教育。随着人们生活水平的逐步提高，学生浪费现象越来越严重，从一滴水到一度电，从一粒米到一分钱，从一张纸到一支笔……浪费现象随处可见。勤俭节约是中华民族的传统美德，是我们的传家宝。古人云：“俭，德之共也；侈，恶之大也。”“历览前贤国与家，成由勤俭破由奢。”小到一个人、一个家庭，大到一个国家，甚至整个世界，要想生存，要想发展，都离不开勤俭节约。诸葛亮把“静以修身，俭以养德”作为修身之道；朱子将“一粥一饭，当思来之不易；半丝半缕，恒念物力维艰”当作齐家的训言；毛泽东以“厉行节约，勤俭建国”为“治国”的方针。只有形成“铺张浪费可耻，勤俭节约光荣”的社会风尚，而且从少年儿童做起，才能实现国富民强的宏伟目标。

通过榜样引领，讲清道理，发动同学们寻找差距，行动起来。可以开展访谈活动，细细观察一下自己的爸爸妈妈、爷爷奶奶、姥姥姥爷是怎样过日子的，采访一下他们，请他们谈谈如何节俭过日子。也可以让同学们分成小组，开展“我们的零花钱都到哪里去了”的小考察，把考察的结果写出来，看看这些零花钱用对了没有？从而倡导从自己做起，不随便向家长要钱，不乱花钱，把零花钱积攒起来，用于正当必要的开支，尽量减少父母的负担。

与此同时，还要进行法制教育和诚信教育。自己有困难向同学求助没有错，错在不该承诺借 3 元还 30 元，这种利用不当获利的方式吸引别人即便能够借到钱也是不光彩的，是不正确的。那位女同学贪图小利借钱给小明，不但客观上纵容了小明的错误行为，而且这种想通过借钱占同学便宜的做法也是错误的。至于小明到期不还钱，则是缺乏诚信的表现。

我国有句古话：“没有规矩不成方圆。”对国家、对社会来说，这规矩就是法律法规；对集体、对个人来说，这规矩就是纪律公约。作为国家公民和社会成员，人人都要遵规守纪。小学生作为国家的小公民、社会的小主人，同样应该知法、懂法、守法，保护好自己的权益，不损害他人和社会的利益。只有从小养成懂规矩守纪律的好习惯，长大后才能成为遵纪守法的好公民。

诚实是中华民族传承下来的优良品德，在少先队作风“诚实、勇敢、活泼、团结”中占据首项。诚实，就是言行一致，表里如一；就是遵守诺言，以信取人。“言必信，行必果”“一言既出，驷马难追”这些流传了千百年的古话，形象地表达了中华民族诚实守信的光荣传统。古往今来，凡是品德高尚的人，都是诚实守信的君子。在当代中国，诚实守信的美德也得到了发扬光大。这种美德表现在学习上，就是专心致志，认真踏实，求真务实；表现在与人交往上，就是真诚待人，互相信赖，互通有无；表现在对待国家和集体的态度上，就是奉公守法，忠诚老实，履职尽责。从古到今，做人诚实，做事守信最重要。因此，要求同学们诚实守信，不说谎话，知错就改，不随意拿别人的东西，借东西及时归还，答应别人的事努力做到，才能养成良好的道德品质。

## 015

**期末评优全班投票，A 同学向班主任反映 B 同学和她商议好互相投对方的票，但 B 同学却不守信用没有投自己一票，A 同学觉得她这样做不讲诚信不公平，作为班主任该怎么办?**

表面上看，这是一个兑现承诺、说话是否算话的问题，实质上却是一个对待荣誉和如何获取荣誉的问题，班主任不可忽视。

《国家教育改革和发展中长期规划纲要》中确定素质教育是教育改革和发展的战略主题，是贯彻党的战略方针的时代要求，其核心是解决培养什么样的人和如何培养人的问题。

期末评优，学生关心，家长关注。作为班主任，工作应做到位，期末评优的过程公开、公正、公平，动员所有的学生端正态度，以严肃认真的态度积极参与，把评选的过程变成学生自我总结、自我审视、自我提升的过程，同时也成为同学之间互相学习、互相尊重、互相帮助的过程。

两个学生私下相互拉票，为了评优而评优，甚至为达到个人目的而采取不光彩的方式，这表明切实需要加强社会主义核心价值观的教育。

人的世界观、人生观、价值观辩证统一。有什么样的世界观就有什么样的人生观，有什么样的人生观就有什么样的价值观。班主任要通过深入的教育，使同学们懂得应当用自己的劳动自己的努力去创造荣誉，成为一个有益于社会有益于人民的高尚的人。在现实生活中，同学之间存在着个体差异，有的讲文明懂礼貌，有的学习成绩优异，有的乐于助人，有的热爱劳动……因此，在学生当中就会出现不同的状态。期末评优，就是通过表彰先进、树立典型的方式激励大家进步，向善向上。要动员大家从小做起，从自己做起，从身边做起，从小事做起，一点一滴积累，养成好思想、好品德。“千里之行，始于足下。”每个人的生活都是由一件件小事组成的，养小德才能成大德。在评优的过程中每个人都要想一想，自己对集体热爱吗？学习努力吗？对同学们关心吗？对老师尊敬吗？在家孝敬父母吗？在社会上遵守社会公德吗？对好人好事有敬佩感吗？对坏人坏事有义愤感吗？这样多想一想，就会促使自己多做一做，日积月累，自己身上的好思想、好品德就会越来越多。

只有把评优的过程变成比谁更有志气、谁更勤奋学习、谁更热爱劳动、谁更爱锻炼身体、谁更有爱心的过程，才能让社会主义核心价值观融化在心灵里、落实在行动上。

为了让学生能正确认识评优，能够以积极的心态参与，班主任可以择机在班中开展“学榜样、明方向、正言行”的活动。利用班队会，让学生寻找各行各业淡泊名利、默默无闻的榜样人物，特别是刚刚经历过的抗击新冠肺炎的战斗中，多少人为了他人的健康不求回报、甘于奉献、勇于牺牲。正是因为有了像钟南山院士这样无畏的逆行者，有了他们奋不顾身地冲在一线，守护着我们的健康平安，我们才能安心地生活和学习，他们才是最值得敬仰的人！让学生把镜头拉近到班级中，寻找自己身边的榜样人物，用“我发现……我觉得……我行动”来重新审视自己，找出差距，明确努力的方向。

班主任彰往察来，弘道养正，就会树立积极向上的良好班风，形成充满正能量的环境氛围和舆论导向，促使学生的道德认知与道德行为一致，班级评优工作才能起到树立榜样、承前启后的作用。当然，这也需要家长的支持和配合。

## 016

**某班施行奖励制度，同学在某方面表现优异时可得到一张相应的奖票，积累的奖票可以兑换奖品。某同学好不容易积攒了 37 张奖票准备兑换奖品的时候奖票却不翼而飞。马上就要放学了，面对此种情况班主任该怎样处理?**

代币制是一种教育方式，是班级建设中经常使用的方法之一，其目的是通过奖励机制来肯定学生在某方面的表现，从而促进学生良好习惯的养成。

表现优异可以得到奖票，因此奖票对于学生具有极大的吸引力。获得奖票的学生对奖票会非常珍惜，因为那毕竟是自己通过艰苦努力换来的，有的学生甚至积攒了很多奖票都舍不得兑换奖品。基于这种情况，某个学生在得到 37 张奖票准备兑换奖品的时候奖票却不翼而飞了，不管是什么原因，一定会非常伤心。

在马上就要放学的时候发生这种情况，学生着急，希望班主任能够提供及时的帮助，班主任当然义不容辞。这时候适当安抚与解决策略就显得尤为重要。

要想找回奖票，首先要分析原因，一是不小心弄丢了，二是忘记放在什么地方了，三是怀疑有的同学不告而取给拿走了。属于头两个原因好办，只是学生本人保管不善出现的问题，但如果是最后一个原因，则处理起来较为棘手。

班主任如果直接询问全班同学是谁拿了奖票，不仅很难问出结果，而且会让问题公开化，引起大家的高度关注，导致议论纷纷，甚至互相猜疑。那么，班主任该怎么做呢？

班主任应该首先安抚丢失奖票的学生，想方设法让其冷静下来，一起来分析可能存在的原因。如果已经被同学们知道了，应该对全班同学善加说明，给予引导。“某同学不小心丢失了自己的 37 张奖票，很着急也很伤心，现在让我们看看谁这么幸运被这 37 张奖票所光顾……”接着，动员大家一起来寻找。如果没有找到，班主任可以对全班同学说：“请大家放学后继续帮助寻找，如果找到了请明天交给老师，老师一定奖励这种乐于助人的行为，大家也会为他点赞。奖票的发放老师有记录，谁有多少奖票老师心里清楚，实在找不到老师会补发的。但是，这件事情虽然不大，却值得大家重视。一方面丢奖票的同学马马虎虎的毛病要改正，另一方面这些奖票就像一面镜子，能照出哪些同学乐于助人、诚实勇敢。老师相信奖票会回到这位同学手中的！”

如果第二天拿了奖票的同学还回了奖票，班主任应该通过面对面谈心的方式给予肯定和鼓励，同时讲清道理，但不宜在全班同学面前大张旗鼓地表扬；如果找不到则需要冷处理，补发奖票的同时提醒这位同学养成认真细致的好习惯。更重要的是，在今后的工作中留心观察，通过班队会进行诚信和规则方面的教育，将学生可能存在的不良思想和行为扼杀在萌芽状态，把握教育的主动权。

## 017

**在班级的存储箱里有不少同学们丢失的各类物品，甚至还有价格不菲的笔、水瓶和衣服等，可始终无人认领。班主任应如何教育学生爱惜物品?**

随着人们生活水平的不断提高，学生的成长环境、生活条件发生了极大的变化，吃、穿、用都得到了最大的满足，在某种程度上造成了学生不珍惜物品，随意浪费、丢弃物品的不良现象，班主任应该抓住时机，运用多种形式进行教育。

自力更生艰苦奋斗是中华民族的优秀传统，是我们的传家宝。在艰难困苦的时候需要艰苦奋斗，在物质条件优越的时候也需要艰苦奋斗。

有这么一个民间故事：从前，在中原的伏牛山下，住着一个叫吴成的农民，他一生勤俭持家，日子过得无忧无虑，十分美满。临终前，他把一块写有“勤俭”两字的横匾交给两个儿子，告诫他们说：“你们要想一辈子不受饥挨饿，就一定要照这两个字去做。”后来，兄弟俩分家时，将匾一锯两半，老大分得了一个“勤”字，老二分得一个“俭”字。老大把“勤”字恭恭敬敬高悬家中，每天“日出而作，日落而息”，年年五谷丰登。然而他的妻子过日子却大手大脚，孩子们常常将白白的馍馍吃了两口就扔掉，久而久之，家里竟然没有一点余粮。老二自从分得半块匾后，也把“俭”字供放在中堂，却把“勤”字忘到九霄云外。他疏于农事，又不肯精耕细作，每年所收获的粮食就不多。尽管一家几口节衣缩食、省吃俭用，也难以持久。这一年遇上大旱，老大、老二家中都是空空如也，他俩情急之下扯下字匾，将“勤”“俭”二字踩碎在地。这时候，突然有一张纸条从字匾里飞出，兄弟俩连忙拾起，上面写道：“只勤不俭，好比端个没底的碗，总也盛不满！”“只俭不勤，坐吃山空，一定要挨饿受穷！”兄弟俩恍然大悟，“勤”“俭”两字原来不能分家，相辅相成，缺一不可。吸取教训以后，他俩将“勤俭持家”四个字贴在自家门上，提醒自己，告诫妻室儿女，身体力行，此后日子过得一天比一天好。

通过教育，要让同学们懂得，现在我们衣食无忧，许多同学凡事依靠父母，衣来伸手，饭来张口，花钱大手大脚，四肢不勤、五谷不分，丢了东西也不找，稍不合意就要家长给买新的换好的。要知道劳动是人类生存之本。不尊重劳动成果，是错误的行为，长大了是不会有幸福生活的。

“少成若天性，习惯成自然。”从小养成良好习惯，就会成就美好人生。我国著名教育家叶圣陶先生说：“教育无非就是培养良好的习惯”。爱惜物品，不随便丢弃、浪费的好习惯要从小培养，班主任可以把没人认领的物品拿来展示给大家，分小组通过问父母、去超市、查阅资料等了解物品的价钱和制作过程并且记录下来。通过各种形式交流记录结果，引导大家了解每一件物品制作时的艰辛和购买时的付出，再看看父母的辛勤劳动和有限收入，使学生形象地记住珍惜劳动成果的道理。

明理就要笃行。具体做法很多，例如可以把用具贴上自己的名字，及时清点；养成东西从哪里拿的放回哪里的好习惯，丢失东西要及时寻找。在班里也可以找一个小伙伴，形成一对一互帮互助小组，互相督促。还可以设立小小监督员，管理存储箱，帮助失物及时找到主人。利用班会进行总结表扬，评选出“整理用具小能手”“爱惜物品之星”，发小奖状，拍照留念。与此同时，动员同学们自己的事情自己做，集体的事情抢着做，家里的事情帮着做，通过参加力所能及的劳动，体会劳动成果来之不易。在教育过程中要取得家长的支持和配合，通过家校合育，促进学生养成良好的行为习惯。

## 018

**有些同学看不起普通劳动者，认为他们没出息、没本事，只能从事低级劳动，甚至见到保洁员不但不主动打招呼，而且还要捂着鼻子绕着走，针对这种情况该如何进行教育？**

人世间的一切幸福都需要靠辛勤的劳动来创造。热爱劳动，尊重劳动人民，是中华民族的美德。教师既是普通劳动者，也是教育工作者，应该教育学生树立正确的劳动观、荣辱观。

人民创造历史，劳动开创未来。劳动是推动人类社会进步的根本力量。“功崇惟志，业广惟勤。”实现中国梦，创造更加美好的生活，需要每一个劳动者付出辛勤劳动和艰苦努力。要让学生懂得：幸福不会从天而降，梦想不会自动成真。实现远大理想，开创美好生活，必须依靠辛勤劳动、诚实劳动、创造性劳动。劳动人民最伟大，普通劳动者最值得尊敬，尤其是那些我们身边从事保障工作、服务工作的人们，更需要人们的理解、尊重和支持。学校有几百人甚至上千人，维护环境卫生，保障身体健康是大问题，那些保洁员不辞辛苦，起早贪黑，不怕脏，不嫌烦，默默无闻的奉献，才有了美丽整洁的校园环境。

光荣属于劳动者，幸福属于劳动者。我国是人民当家做主的社会主义国家，人民是国家的主人。“三百六十行，行行出状元”，都是为人们服务，只有岗位和分工的不同，没有高低贵贱之分。教师要引导学生自觉践行社会主义核心价值观，用劳动者的精神鞭策自己，将辛勤劳动、诚实劳动、创造性劳动作为自觉行为。要弘扬劳动最光荣、劳动最崇高、劳动最伟大、劳动最美丽的文明风尚，积极开展以劳动创造幸福、劳动者最光荣的主题教育活动，让热爱劳动、热爱劳动者蔚然成风。

当代著名心理学家马斯洛的需要层次论认为，尊重是人的一种高层次的需要。因此教育者给予受教育者信任和尊重，以树立受教育者自尊、自爱、自信的心态，进而促使其自我教育，尊重他人，促进学生健康成长。而进行“尊重教育”就是要教会学生学会尊重、理解、信任，要让学生懂得每一个人都是需要尊重的，尊重别人就是尊重自己，尊重别人才会受到别人的尊重。

班主任可以发动同学们开展“普通劳动者不普通”系列教育活动，从“关爱保洁员”行动开始，通过调查了解保洁员一天的工作，体会保洁员付出的辛苦以及她们的心声。同学们要行动起来，可以发起“为保洁员省点力”“请保洁员歇一歇”“向保洁员道辛苦”等活动，从点滴小事做起，把爱传递给保洁员。还可以发动家长，施行家校共育，让劳动者最光荣的理念入脑入心。

## 019

**午饭时某同学边吃边看书，教师提醒他这样做不好，他却振振有词：不是提倡勤奋读书吗？有些同学还在一旁小声嘟囔：有道理。教师该怎样对待这种情况？**

这个案例包括两个方面的问题，一是如何让学生认识到边吃饭边看书是不正确、不卫生的；二是如何让学生认识错误，积极改正。

亚里士多德在其伦理学的研究中，将行为分为意愿行为和非意愿行为。显然，“吃饭时看书”属于意愿行为，是学生在自我意识支配下的主动行为。作为老师，应该及时表明态度，适当进行干预。

首先，要讲清道理。进食的时候，大脑参与唾液腺、胃及胰腺等分泌消化液的工作，食物的气味、颜色、形状及进食时的声音刺激人的嗅觉、视觉及听觉，反射性地促进胃液、胰液的分泌。边吃饭边看书，注意力集中于书中的故事或图画，则食物对大脑的刺激就减少，胃液及胰液的分泌减少，胃肠蠕动也相应减弱，影响了胃肠对食物的消化和营养物的吸收。

就餐时，胃肠接纳食物，使食物与消化液混合成食糜，再通过蠕动让食糜向下运行。这时，胃肠的工作紧张而繁重，需要供应充足的血液。如果在吃饭时看书，大脑中用来记忆的部分就兴奋起来，也需要充足的氧气和营养。为了应付这一情况，流向消化道的血液就要分出一部分来供应大脑，结果流向胃肠道的血液减少，影响胃肠道的运动和消化功能。一方面妨碍了食物的消化吸收，另一方面，大脑得到的血液也不足，满足不了需要，看的书也记不住，时间长了，记忆力就会减退。因此吃饭的时候应当专心致志，这样吃下去的东西就会消化得很快，身体也会长得很棒，大脑也会更加聪明。

其次，要针对学生用“勤读书”作为理由为自己的错误行为进行辩护的行为加以适当批评。勤读书是正当的、可贵的，见缝插针勤读书也是应该提倡的，但不能损害自己的身体健康，更不能用勤读书为自己的不当行为找借口。要知错必纠，有错就改。

对案例中学生不良行为的干预矫正，既要注意方式、方法，还要注意时机、场合，切不可武断、粗暴。教师要以关心的方式制止其行为，同时也要向全班同学普及科学知识，讲清楚文明进餐、科学进餐的道理，做出进餐不看书的规定。在家长会上，也要提醒家长注意，配合教育。

## 020

**一些同学认为书法课是“情感上应该接受，实际上没有用处”的课程，教师该怎样进行教育引导？**

根据教育部的规定，书法教育已经纳入中小学教学体系，学生将分年龄、分阶段修习硬笔和毛笔书法。在键盘盛行的年代，开设书法教育课还有必要吗？这种困惑同样存在于学生之中，一些同学认为书法课是“情感上应该接受，实际上没有用处”，这正是困惑的集中体现，应当加以重视和引导。

文化的力量，不仅深深熔铸在民族的生命力、创造力和凝聚力之中，而且越来越成为综合国力和国际竞争力的重要组成部分。在全球经济一体化，多元文化激烈冲突的时代背景下，不断加大在少年儿童中传承民族文化的力度，是从小培养文化自信、实现伟大中国梦的基础工程。因此，引领学生了解、认可、热爱、传承书法的过程，就是素质教育不断实化、具化、童化的过程，是学校立德树人、弘道养正的过程。

要通过生动活泼的形式让学生懂得，汉字是世界上最优美的文字，书法是中华民族的文化瑰宝，是人类文明的宝贵财富，是基础教育的重要内容。通过书法课堂对小学生进行书写基本技能的训练和书法艺术欣赏能力的培养，是传承民族文化，涵育爱国情操的重要途径；是提高学生语文水平，提升学生文化修养，促进学生全面发展的重要举措。

信息技术迅猛发展，人们交流方式、学生学习方式发生重大变化的今天，坚持开展内容具体、形式活泼、特色鲜明的书法教育，立意深远，必须常抓不懈，一以贯之。无论真草隶篆，无论软笔硬笔，要以习字为乐，以书法为荣，打造书香校园。要引导学生将练习书法与涵养品德紧密结合起来，不但把握手下汉字间架结构之美，更能够牢固心中的民族文化之魂；不但学会如何写，更要注重写什么，让书法与国学启蒙有机融为一体，促进学生的全面发展。

“书山有路勤为径，学海无涯苦作舟。”教师通过书法课，在学生心灵深处深深埋下民族精神的种子，使学生的成长多一份人文底蕴，多一份儒雅之气，让源远流长的中华文化发扬光大，写好中国字，做好中国人，实现中国梦。

## 021

**学校进行紧急疏散演习，有些同学不听指挥擅自行动，教师提醒其注意安全，这些学生却说活命要紧，管不了许多，面对这种情况教师该怎么办？**

紧急疏散演习时，一些同学表现出来的是一种关键时刻只想自己逃命，不听指挥擅自行动的行为，这种只顾自己罔顾他人的行为，在真正危险到来的时候却更容易将自己与他人置于危险的境地。面对这种情况，教师要及时进行教育。

教师要认识到，当紧急状况发生时，学生会出现一系列不适应的心理状态，如恐惧、恐慌、焦虑等，因此会导致他们的情绪和行为失控，需要家庭、学校和社会的提前教育和指导。

教师要让同学们懂得，紧急情况下的疏散，在人多拥挤、时间紧迫的情况下，最关键的是稳定情绪，只有听从老师的指挥，按照统一步调行动才能保证安全。

教师可以通过观看视频、让学生自己收集资料等方式使其认清危机情况下只顾自己，造成重大伤亡的教训。四川某小学铃响过后，同学们蜂拥而出。楼梯上都是人，突然听到一个男同学大声喊“见到鬼了！”向下走的人群突然乱了，有学生被挤倒了，可后面的人还在不断地往前拥，后面的人踩到摔倒的人也被绊倒了，顺着楼梯往下滚，一楼二楼间转角的地方很快堆成了人堆，灾难发生了。在这次拥挤踩踏事故中，8 名学生死亡，17 名学生受伤。某学校厨房里的煤气罐突然着火，学生们惊慌之中往外逃跑，不幸发生踩踏事故，造成 6 人死亡，多人受伤。某学校上体育课的学生下课后回教室，和上完电脑课下楼的高年级学生在楼梯上撞到一起，一些学生被挤倒，造成 10 余名学生不同程度受伤。

教师还可以通过游戏的方式教育学生。设置一个瓶口只能容一个球通过的瓶子，里面装着若干个球，每个球都有一根线连接，几个同学各执一根线。一声令下，大家都想把自己的球尽快拉出瓶子，结果全部堵塞在瓶口，谁也出不来，但是只要按照顺序依次而出，就能很快达到目的。

教师可以通过安全知识学习，举办各种安全讲座，举行各种知识竞赛，训练消防、报警、自救的各种能力，也可以组织外出参观，进行经验交流和安全评比……总之，以人为本，树立牢固的安全防范意识，养成自觉遵守安全操作规程的行为习惯至关重要。

安全教育是学校教育的一项重要内容，必须引起高度重视。教育部、公安部、团中央、中国残联、全国少工委等五部委将 3 月 26 日定为全国中小学生“安全教育日”，主题是“珍爱生命，安全第一”。教师不但要利用“安全教育日”进行集中演练，更应该在平时加强教育，注重防范，教学生自救互救，确保安全，促进安全教育常年坚持，经常进行。才能健康快乐地成长。

## 022

**学生在班主任的课堂上表现很好，可到了科任教师的课堂上却表现涣散，该怎样进行教育引导？**

学校经常出现这样的情况，班主任的课堂上，同学们个个挺直腰板，一丝不苟地听讲，可到了科任教师的课堂上，往往表现涣散，比如在书本上乱涂乱画，和同桌窃窃私语……

表面上看，这种状况的出现是因为班主任往往担任着语文、数学的课程教学任务，被学生视为主课，特别重要，家长教师都重视，而且作业不敢不写，也不能不写，更不能应付了事，若学不好，回家无法交代。况且班主任直接管理班级，是不能得罪的，其他课程则被学生视为副课，并不重要。所以会有一样课程，两种表现。实际上，反映了学生对于课程设置的不理解和学习动机的模糊认识。

课程是指学校学生所应学习的学科总和及其进程与安排。广义的课程是指学校为实现培养目标而选择的教育内容及其进程的总和，它包括学校教师所教授的各门学科和有目的、有计划的教育活动。狭义的课程是指某一门学科。学生是课程建设的主体，教师要努力构建以学生为中心的自主、合作、探究的学习模式，其具体内容包括应用教材，教育模式，教育理念到考核模式所发生的有目的、有标准、有成果的新尝试，新变化，激发学生的学习潜力，才能从根本上提升学生的学习兴趣，改变重“主课”轻“副课”的现象。

因此，要扭转学生的认识，教师首先要从端正学生的学习态度入手。要让同学们懂得，学生的主要任务是学习，学习首先要有明确的目标。

学生都有自己心中的梦想，有的将来要当科学家、工程师；有的要当发明家、音乐家、作家；有的要保卫祖国，当解放军，做武警战士；还有的要当航天员，当人民教师，甚至当志愿者，去建希望小学。实现这些梦想，就要扎扎实实学习、踏踏实实奋斗。长大以后无论做什么，打牢根基最重要。只有做到全面发展，才能逐步打好基础实现目标，树立正确的世界观、人生观、价值观，长大后成为实现中国梦的建设者、创造者、贡献者。因此要做到主动学习。国家设置各种课程是科学的、必要的，是为促进学生全面发展，成为合格人才奠基的。每一门课程都很重要，每一门课程都要学好。要从根本上热爱学习、快乐学习、主动学习，对每一门课程产生兴趣，做到千里之行，始于足下。要把梦想的实现蕴含在每一天的学习和生活中，一天天进步，一步步成长。

此外，还要对学生进行规则教育和诚实教育，使其自觉遵守课堂纪律，认真尊重教师的辛勤劳动，对待教师无论是班主任还是科任教师，都应该尊敬有加，一视同仁，真正做到在班主任面前和任课教师面前表现一致。

023

**不少同学认为信息课就是玩电脑，对信息课与电脑的关系认识不清。作为信息教师，如何引导同学正确认识信息课的重要意义？**

在学习一门新学科之前，“玩”的心理可以让学生更轻松地接受，这是利的一面。德国一位著名教育家曾说过：“教学成功的艺术就在于使学生对你教的东西感兴趣。”孔子也曾说过：“知之者不如好之者，好之者不如乐之者。”意思是了解怎么学习的人，不如喜爱学习的人；喜爱学习的人，又不如以学习为乐的人。不利的一面就是很多学生抱着玩的态度来上课，一遇到需要动脑筋或是需要下功夫练习的时候就容易气馁。怎么让学生既保持兴趣又能有动力坚持克服学习中的困难呢?

首先要从认识上引导学生了解信息技术不光指计算机的应用，而计算机的应用也不光指玩游戏、看视频等娱乐功能。学生喜欢玩电脑，应该是信息学科“天然”的优势，虽然他们的喜欢带有一定的“偏见”。喜欢“玩电脑”的学生也分为多种情况，有的学生喜欢电脑带给自己的“科技感”，喜欢电脑技术的“无所不能”；有的学生则喜欢电脑作为工具所提供的信息或是休闲娱乐方式，比如电脑游戏等。

现代信息技术是指利用计算机、网络、广播电视等各种硬件设备及软件工具与科学方法，对文图声像各种信息进行获取、加工、存储、传输与使用的技术之和。从广义上来讲，信息技术是研究如何获取信息、处理信息、传输信息和使用信息的技术。现在，智能手机以及各种 APP、无人机、无人车技术的日趋成熟，虚拟技术、云数据等信息技术手段已渗透到人们生活、学习、工作的方方面面。学生“不识庐山真面目”，可能正是“只缘身在此山中”，因此引导学生发现生活中的高、新信息技术，关注科技新闻，不只是培养学生的信息素养，而且对他们从小树立投身科技创新的使命感非常重要。

教师要从教学内容安排上加强信息技术的实用性，尽量与学生生活紧密相关。海淀区统一使用的信息技术教材偏重技术指导，若还是单纯以教材上的学习素材组织教学，学生没动机没兴趣。在日常教学中，将学习生活中的实例结合起来，往往会收到“一箭双雕”的效果。比如，将 word 排版技术用于制作各学科知识点思维导图，用 scratch 编程技术为班级活动编写抽奖小程序。如此，学生不仅对技术的渴求增强了，还会对生活中相关的信息技术更为敏感，从而有助于提升他们的信息素养。五年级的教学内容中有游戏设计的内容，虽然只是简单的“走迷宫”，但是老师可以从开发的思路、本质等方面让学生真正明白游戏是“人类在模拟环境下挑战和克服障碍”的方式。德国生物学家谷鲁斯认为，游戏不是没有目的的活动，游戏并非与实际生活没有关联，游戏是为了将来面临生活的一种准备活动。合理适度的游戏可以帮助人类开发智力，锻炼思维和反应能力，训练技能，培养规则意识等。正确认识才能理性对待，让学生自觉主动不沉迷于游戏，这应该是“走迷宫”真正的意义所在。

在课堂上教师要从技术上限制学生玩与本堂课无关的应用，增强课堂效果，同时保护学生兴趣，让喜闻乐见的有益小程序助力学生技能练习。小学生的自觉性和持续坚持能力本就有限，在日常的教学中经常会遇到部分学生不愿做比如键盘打字一类较枯燥的练习，常常趁老师没注意时偷偷打开系统自带的小游戏或是上网浏览网页等。对于信息技术老师来说，技术就是最好的助力。很多教学辅助系统都可以设置学生电脑使用权限，这就有效避免了学生“脱离控制”。当然要从根本上引发学生练习的兴趣，不能只有“堵”，还得“疏”。这时候，老师选用一些符合学生年龄特点和审美的练习游戏就可以引得他们乐此不疲。

信息技术教育的本质是利用信息技术培养信息素养。利用信息技术只是一种手段和工具，最终目的是培养学生的信息素质，以适应信息社会对人才培养标准的要求。换句话说，信息技术教育不等于软硬件知识学习，而是要使学生通过掌握包括计算机、网络在内的各种信息工具的综合运用方法，来培养学生处理问题和创新的能力，为适应信息社会的工作、学习与生活打下良好基础。

第三章

# 心理疏导

## 001

**每逢期末快要放假的时候，部分学生会情绪浮躁，上课不安心，做作业不认真，作为班主任该如何针对这种情况采取预防措施？**

每逢期末快要放假的时候，部分学生会情绪浮躁，上课不安心，做作业不认真，是因为经过一个学期的紧张学习，学生会有一个心理懒惰和疲惫的反射现象，加之期末考试来临，老师要求严，学习压力大，催生了烦躁和浮躁的情绪，出现种种消极反应。对假期的渴望，心中酝酿的各种娱乐计划，也会让学生躁动不安，经常性地表现为“想不到”“坐不住”“听不进”“忙不停”“长不了”。在自己支配的时间内，不知道该做什么，什么先做、什么后做，甚至手足无措，一会儿看看这本书，一会儿看看另一本书；上课时东张西望，交头接耳，不专心听讲，对老师讲什么不感兴趣；面对作业乱忙一气，希望“快刀斩乱麻”一下子做完，却常常忙中出乱；在老师提醒后短时间内能纠正，但几天之后，依然故我。

“非宁静无以致远，非淡泊无以明志。”浮躁心理的存在必然对同学的生活和学习产生一系列不良影响，影响他们的身心健康，甚至出现睡眠障碍、神经紊乱、心理紧张、烦恼易怒，对成长极为不利。面对这种情况，班主任应未雨绸缪，早做疏导。

1. 找到学生浮躁的原因，注重疏导，对症下药，采取适当的方式与学生沟通，引导他们调整心态，纠正不良行为。

2. 营造和谐宽松的期末氛围。通过黑板报、专栏、手抄报、班队会等形式，还可以由班委会发出倡议，稳定学生整体情绪，可以表彰表现优秀的同学，请他们介绍自己的做法，树立典型，发挥引领示范作用，还可以组织一帮一的手拉手活动，对重点学生进行帮扶。

3. 班主任在教育引导的过程中要动之以情，晓之以理，深入细致地做好心理疏导，切忌简单粗暴。可以发动大家制订期末目标并开展比学赶帮的达标创优活动，形成良性竞争，让班级充满正能量。

4. 介绍科学的学习方法，加强学生的体育锻炼，丰富他们的课余生活，同时，与家长沟通，督促家长配合教育。

## 002

**某些同学在入学前就已经上了学前班，入学后对现在的课程不感兴趣，面对这种情况该怎么办？**

有些刚入学的学生，由于入学前提前上了学前班，所以课堂上相似的、重复性的教学内容听不进去。还有一些中高年级的学生，由于在外面上了课外班，提前学习了课内的知识，所以课堂学习时也出现了放松、浮躁、注意力不集中等情况。

学生出现此类现象，与心理状态有关。究其原因是提前接触了学习内容，丧失了学习兴趣。低年级的学生因为年龄小，本身注意力保持的时间就短，再加上重复学习相同的内容，会出现坐不住、听不进去的情况。因此学生学习兴趣的培养是关键。对于中高年级的学生来说，提升学习兴趣是一方面，而另一方面还要有自主学习的意识或动力。从学生心理发展特点来看，中高年级学生自我意识、独立意识明显增强，开始逐步有自己的思维想法、认识和判断。有些学生会觉得这些内容都会了，所以不用再听了。有些学生则是因为从这些陈旧且重复性的学习中找不到成就感而失去学习兴趣。因此，对于中高年级学生，重视和培养学生思维的积极性和主动性就显得尤为重要。

学习时学生的主观能动性极为重要。学生在学习的过程中感受到兴趣，获得了成就感，学习动机便会增强。同时，拥有正确的学习动机，也会大大提升学习兴趣，使学生在主动思维的过程中体验和收获成就感，正如奥苏伯尔所说："动机与学习之间的关系相辅相成。"

依据马斯洛的层次需要理论，从为学生构建良好的学习环境，创设适合的奖励机制，尊重并满足学生的需求入手，培养学生主动学习的外部动机，进而触发其内部动机。因此，对于低年级的学生，我们可以通过个体内在的兴趣、好奇心或需要来激发其学习动机。心理学家克罗斯指出：好奇心是一种天生的和强有力的动机因素。课堂中，教师可以借助新鲜的事物来点燃学生心中的好奇心和求知欲，也可以借助课堂游戏、奖励机制等调动起兴趣，激起参与课堂活动的迫切愿望，进而提升课堂参与的积极性和主动性。

对于中高年级的学生来说，在继续保持和培养学生学习兴趣的同时，努力为学生创设成功的体验，能够激发其内在学习动机。学习动机中具有较大影响力的就是成就动机。成就动机理论是人们希望从事对自己有重要意义、有一定困难的、具有挑战性的活动，在活动中能取得完满的优异的结果和成绩，并能超越他人的动机。课内重复的学习内容会让学生觉得没挑战，进而失去兴趣。相反，如果有难度、有挑战便会激发学生的好胜心，使其愿意积极思考，主动参与，使学生体验成功的可能性。课堂中，教师可以建立竞争机制，通过激发学生强烈的好胜心，提升学习兴趣。也可以适当地进行分层教学设计，通过不同层级的任务驱动，激发学生挑战自我，促进其内在的学习动机。另外，中高年级的学生还有着强烈的表现欲，他们渴望得到他人的认可，当这种心理得到满足时，便会产生一种自豪感，这种成功的体验也会有助于学习动机的产生。因此，课堂上教师可以借助这一特点，充分发挥他们的作用，利用他们在学习上的优势来帮助那些有需要的学生，例如小组合作学习等形式，他们在帮助别人的同时，自身学习的主动性也会被调动和激发。

总之，依据不同年龄段学生的特点，注重培养学生对学习的兴趣，满足学生的成长需要，是学习动机提高的有效推动力。作为教师，我们还应该努力为学生构建良好的课堂环境，营造良好的课堂氛围，只有给学生不一样的课堂体验，才能促使学生积极思考，热情参与，学生的学习动机也会随之提高。正所谓：“知之者，不如好之者；好之者，不如乐之者。”丰富多彩、轻松愉悦的课堂才是学生快乐学习的源泉，才能激发和强化学生良好的学习动机。

## 003

**在网络游戏泛滥的今天，有的学生受其影响，在校园行为中带有一定的暴力倾向，面对这种情况教师该怎样进行教育？**

网络是把“双刃剑”，在帮助学生提高学习效率与提供生活便利的同时，也会带来一些负面影响。其中，网络游戏凭借其新颖的视听感受与心理获得感，受到诸多学生的青睐，有的甚至沉迷其中不能自拔，导致人际关系疏远，学习成绩下降，影响学业，尤其是很多网络游戏带有暴力、欺凌现象，给学生身心健康带来极大损害。

学生正处于世界观、价值观、人生观形成的奠基期，求知欲强，自尊心强，自制力差，辨别是非的能力不足，行为方式有着随意性，易受外界不良文化和社会丑恶现象的影响。网络游戏提供了一个虚拟空间，学生可以在网络世界中天马行空，做出在现实社会受到抵制受到限制的事情，因此带给他们超越现实的自我实现。由于网络游戏大多与暴力有关，不需要接受道德规范约束和法规监督，可以随心所欲地宣泄，极易形成对暴力的崇拜，认同暴力形式，模糊道德认知，并试图在现实生活中运用暴力方式解决问题，以至于遇到挫折、发生矛盾时，会不自觉地造成角色错位，自我迷失，产生暴力倾向或发生暴力行为。

学生沉迷于网络游戏往往与家庭环境有关，家长对孩子上网的监控力度不够。很多家长为了方便孩子学习在家中安装了电脑，但平日的监管往往只是限制孩子的上网时间，很少留意孩子上网的内容。另外，有些家长对孩子的教育方式简单粗暴，甚至存在打骂的现象，导致孩子试图通过暴力游戏宣泄内心的不满与委屈，获取认可与尊重。

面对这种情况，班主任要采取有力措施，引导学生正确对待网络游戏。可以通过科普知识宣讲、黑板报手抄报进行宣传、召开主题班队会、发出倡议制定公约等方式引导学生认识网络游戏的实质，引导他们选择并科学地利用网络游戏放松心情，缓解压力，同时做到不沉迷，自觉抵制不良游戏，引导他们积极参加各种社团组织，发展多种兴趣爱好，帮助他们分析得失，懂得取舍，指明方向，制定措施，调整心态，增强自制力。

班主任要特别重视与家长的沟通，了解情况。首先，在动员家长配合教育时要讲清道理，讲清方法。其次，动员家长培养孩子健康的兴趣爱好，在日常生活中满足孩子在人际交往、成就体验等方面的获得感，以减轻他们对网络游戏的依赖。另外，千万不要粗暴地训斥与处罚，造成孩子的情绪压力，从而引发逆反心理，激发暴力行为。

## 004

**一名六年级女同学上课总是走神，作业完成得也不好，原来是因为同班一名男同学喜欢她，被她拒绝后依旧纠缠不放，她很苦恼，又不好意思对家长和教师说，面对这种情况该怎么办？**

小学高年级的学生正处在向青春期发展的过渡期，他们的生理开始发生变化，自我意识逐渐增强，对异性开始关注并产生好奇。六年级的个别女同学处于这个年龄段，被同样处在懵懂之中的男生所爱慕、纠缠，深受其扰以致学习成绩滑坡苦不堪言。她没有跟家长、老师讲明情况，而是选择了独自承受，为什么呢？首先，这个年龄段的女孩子独立意识增强，与家长老师的交流明显减少，不愿意轻易向他人敞开心扉，尤其是涉及情感和隐私。其次，这个年龄段的孩子自尊心逐渐加强，心理上却变得脆弱和敏感，许多在成年人看来不算什么的事情，在她们眼里却看得很重，以至于形成巨大的心理负担，难以迈过心理上的这道坎儿。此外，十一二岁的学生对事物的认知和分辨力没有达到成熟水平，对于一些事情的看法相对片面，遇事不知道该如何正确处理。

针对个别学生的情况，班主任应该深入细致地了解，尊重学生隐私，采取一对一循循善诱促膝谈心的方式进行心理疏导，帮助学生树立勇于面对问题的信心，联合家长沟通交流，使学生尽快摆脱囹境，回归正常的学习生活。

在疏导过程中，不但要动之以情，晓之以理，而且要具体情况具体分析，分析原因，并教给学生与异性正确交往的原则与方法，共同寻找有效的解决手段。同时，要通过细致的工作，让男同学端正认识，放弃幻想，不再纠缠。老师要帮助学生增强心理张力，取得勇敢面对并正确解决问题的经验。

人的心态决定思维能力和行动。学生进入高年级后对异性产生好感，这是正常现象，但有时把握不好尺度，缺乏分辨力与自我保护意识，容易造成行为偏差。班主任要积极帮助学生调整心态，教给他们与异性相处的原则与方法，在心理上既不要抵触也不要过于亲近，保持好距离，建立起正常的友谊，做到自尊自爱、互敬互谅。

## 005

**语文考试中教师发现小立和旁边的同学交头接耳，对其进行了批评。收上卷子后发现小立的卷子上用笔尖扎了一个“死”字，面对这种情况该如何对学生进行心理疏导?**

俗话说：解铃还须系铃人。语文老师和小立在课堂上发生了冲突，错在小立，但小立不但不承认并改正错误，反而对老师产生了逆反心理，报复性地诅咒老师，这不但对老师的涵养是个考验，而且也对老师如何进行针对性的教育出了难题。

首先，老师应该仔细回顾事情发生的全过程，审视自己当时在处理上有无不当，然后查找原因，平心静气地找学生谈话，深入了解他是怎么想的，弄清楚其行为的动机。

师生关系是由师生的认识因素、情感因素和行为因素构成的一个动态系统，其中任何一种因素都会影响效果。有关实验证明，压抑的情绪会使大脑皮层相应区域的脑细胞产生抑制，对学习产生阻碍作用，相反，在轻松愉快的心境下，脑细胞容易激活，使智力活动处于最佳状态，有助于进行记忆、思维和想象活动，便于知识的获得。因此，处理好师生之间的关系，增进师生之间的理解，对更进一步提高教学质量，促进学生健康成长起着重要的作用。教师要以身作则，为人师表。教师的一举一动，一言一行，都会对学生产生潜移默化的影响。教师要研究掌握批评学生的艺术。学生易激动，自制力较差，往往会发生这样或那样的问题，教师如果注意运用恰当的批评艺术，就能赢得学生的信任，使师生关系更加密切。因此，在批评学生的时候，要考虑到学生的合理愿望，维护他们的自我尊严。教师威信是教师使学生感受到尊重而信服的精神感召力，是学生接受教诲的基础和前提。教师的威信主要由主观因素形成的，高尚的道德品质、无私的敬业精神、渊博的知识和严谨的作风是形成教师威信的主要组成部分。此外，如仪表、习惯、自我批评的精神也是不可忽视的内容。教师的威信是靠自身各个方面的努力而形成的，教师必须时时处处严格要求自己，以便赢得学生的信服，发挥教育威信的感召力。

小学生的心理很脆弱。有时上课出点小问题，老师就会在全班大声点名批评，下课还会直接叫到办公室去，让学生很难堪，导致了学生用自己的方式实施报复，发泄不满。这时，老师就需要首先进行自我批评，诚恳地向学生表明自己的方法欠妥。但同时要进行尊师重教、遵规守纪的教育，讲清楚个人与集体、自由与纪律、野蛮与文明的关系，引导学生认识自己的错误，向老师诚恳道歉并保证不会再犯。

有的老师认为对这样的行为没有必要计较，对这样的学生不必理睬，大人有大量。这种想法是错误的。学生的这种行为表明了心理上的不健康，置之不理会导致其行为失控，心胸狭窄，睚眦必报，道德缺失。因此，不能回避，更不能视而不见，要抓住苗头，适时教育，帮助学生摆脱心灵上的阴影。当然，也不必觉得学生这样做损害了自己的尊严，丢了自己的面子，从而大为恼火，对学生进行简单的训斥，其结果反而适得其反。

现在的学生大部分是独生子女，娇生惯养，经不起批评。一旦被批评，就觉得是和自己过不去，于是故意报复。老师要讲究教育方法，主动与学生沟通。沟通产生理解，理解产生信任。主动亲近学生，与学生平等相处，尊重学生的人格，通过师生之间的交流、了解，缩短师生之间的距离，进而建立真诚和谐的师生关系。老师要严格要求学生，严而有理，以理服人，严而有方，方法可行，严而有恒，贯彻始终。

## 006

**六年级学生有着青春期的萌动，某些同学为此情绪波动很大，甚至影响了学习，面对这种情况班主任该怎么办？**

高年级学生生理发展接近青春期，身高、体重迅速增加，发育形态上男女出现明显差别，普遍会出现早熟、正常、晚熟三种类型。由此心理会发生很大的变化，开始意识到性的存在，表现出对性知识的关注、对异性的好奇。在儿童期，主要表现在两个方面。一是对性的反感——这是儿童对于性的问题有了朦胧意识后的一种否定倾向，疏远异性，对性的不安、羞愧和反感，特别在女孩子身上，这种心理表现得比较突出。二是对性的兴趣和对年长者的向往——进入青春期，儿童开始对性问题有了兴趣，他们喜欢在异性面前表现自己，渴望与异性接触，并会把这种心理转化为对于年长者的一种迷恋。对象可能是同性的，也可能是异性的，精神上共鸣的喜悦更大于实际的接触，这种状况往往会使他们陷入偶像崇拜的苦恼之中。

这一时期，学生除了关心自己的身体变化，更关心异性的变化。他们的心理发展过程大体是：接受与拒绝异性→同异性交往→同异性的接近与接触→从群体交往到单一组合→组合。正是在这一时期，他们通过与异性之间的彼此交往，与异性的关系从模糊不清到明确，最后发展到炽热阶段。除了在与异性交往的过程中表现出帮助、激动、同情、感谢等接近交往行为以外，还包括友情以及早恋的可能，需要老师正确引导，帮助其摆脱困惑，走出困境，轻松踏上青春起跑线。

有一个男同学，因学习、纪律较差，于是老师安排班里的学习委员和他同桌，这个女生漂亮、聪明、活泼，性格像男孩子。老师本想通过这种方式来帮助他，可出乎意料的是，他在课堂上常常走神，有时还给女生传纸条，下课还总追着人家，像个跟屁虫，弄得女同学很反感。面对这种情况，老师并没有简单地批评他，而是与他谈心，告诉他要想吸引别人必须表现出色，从各方面严格要求自己，从此他在课堂上进步很大，做到了与同桌共同进步。

所以，面对对异性产生“好感”的学生，首先应尊重他们，理解他们，做到宽容对待，严格要求，净化心灵，正常交往。

如果学生的行为有些出格，作为教师应尽量做到冷静、慎重，深入了解原因，找准解决问题的突破口，主动与家长联系，一起客观分析原因，制定帮扶的措施。遇事不惊，分析准确，提供合理化建议，是最好的处理方式。只有理解、尊重、耐心、巧妙地处理与正确地引导学生对待青春懵懂的问题，才能使学生安全地度过青春期，健康快乐地成长！

## 007

**学校足球队每逢开学都会招收一些新队员，但有许多报名参加的同学因测试不及格而被淘汰，教师该如何做好这些学生的工作？**

我们学校是一所足球运动开展较好的学校，特别是近年来，国家大力发展校园足球，我们学校的足球运动开展得越来越活跃，对学生产生了极大的吸引力。

足球是一项竞技运动，除了面向全体抓普及，还要抓好学校足球队的建设。每学年开始，一年级梯队的建设就成为重中之重。每次选拔我都会按下面的程序进行：

第一轮测试：利用体育课，测试新一批一年级所有男生的25米跑，同时关注身材适合踢球的孩子。大概近500名学生参加测试，通过25米跑的测试并且身材符合的学生，选出大概50多名。

第二轮测试：叫上校队所有教练一起复试，测试这50多名学生的协调灵敏性，定下大概25名左右。

第三轮测试：这25名左右的学生，根据训练计划参训一段时间后，最后确定下来大概15名左右校队新成员，至此建队完毕。

显然，经过层层选拔，最终留下来的学生只是很小的一部分。测试前所有的学生都非常兴奋，希望自己被选中，因为他们真心喜欢踢球。而淘汰是残酷的，一定会有人胜出，有人出局。怎么做才能不伤害同学们的积极性呢？后来无意中一位家长发来的信息启发了我。

这个学生通过了前两轮测试，在最终校队试训中被淘汰。我怕他情绪失落，给孩子家长发了信息进行沟通。孩子的妈妈发来一条信息：苏教练您好，感谢您给xx参加足球队选拔的机会，孩子的表现让您失望了，我们没有通过最后的校队选拔。不过您放心，孩子虽然没选上，但这个过程对他也是一个锻炼。特别感谢您在初次选拔时对孩子们说的那番话，您说：“同学们，如果你们没有最终进入球队或者校队也没关系，我们学校有很多的团队，比如还有田径、跆拳道、管乐、合唱等。每个人都有自己的特长，总会有适合你的团队，我们都是男子汉，要挑战自己，也要勇于面对失败。大家加油！”通过这段话，我们能感受到您是一个爱孩子、负责任的好老师，我们一定支持您的工作，感谢您！

看完这条信息，我沉思了许久。正是我的这些话，端正了同学们对待选拔、对待竞争、对待挫折的态度，鼓舞了他们对理想的坚持，对自己的信心。

以后的每次选拔工作我都会说这番话，作为一名老师，要用爱给予学生正确的指引，在他们的心中播下希望的种子，春风化雨，让他们茁壮成长。

## 008

**平日里乐乐和兰兰亲密无间形影不离，可是兰兰却把和乐乐之间的小秘密告诉了其他同学，为此乐乐很伤心，认为兰兰“背叛”了自己，吵着要跟兰兰绝交……遇到这类问题，班主任该如何进行心理疏导?**

遇到这类问题，班主任一方面可以通过心理疏导使学生改变认知，树立正确的友谊观；另一方面从人际交往层面出发，帮助学生学会人际交往的方法。

人际关系是指人与人之间的交往，其中包括同学关系。

中华伦理文化为处理各种人际关系提供了一以贯之的优良传统，社会主义核心价值观倡导富强、民主、文明、和谐、自由、平等、公正、法治、爱国、敬业、诚信、友善，成为当今时代处理各种人际关系的道德规范和行为准则。

学生人际交往具有协调其行为的作用，特点是“同龄性和同性性”，即易与同龄者形成人际关系，易与同龄者中的同性别者建立人际关系。平日里乐乐和兰兰亲密无间形影不离就很说明问题。学生在与他人的人际交往中，容易产生矛盾冲突，这是在他们成长过程中的正常现象，关键在于教师应该教育指导学生学会进行正常健康的、友好的人际交往，以使他们增长知识、增进友谊、获取信息、发展健康的情感。班集体能够满足学生与同龄人交往的需要，为学生的社会性提供了条件。集体的形成过程，就是同学们在实践中学习与人交往，并在集体的作用下实现社会化的过程。因此，教师应该首先将乐乐和兰兰引导到集体中来，融入集体中去。

两个同学再要好，哪能什么事都想到一块儿去，所以彼此之间闹点矛盾是常有的事。关键是教师怎样解决这些矛盾。认真的倾听常常比有效的指导更重要。首先要认真倾听，给予学生理解，然后进行教育引导，并帮助她们具体辨析。例如：乐乐是为好朋友小兰把秘密告诉别人而难过？还是因为失去了对朋友的信任而难过？还是不知道该怎样才能跟小兰重归于好而难过？小兰是无心泄露的秘密？还是根本不认为那是秘密？甚至已经在为泄露秘密而后悔？辨析中，引导她们思考：真正的友谊是什么？真正的朋友应该怎样做？告诉她们如果不能正确对待，彼此包容，随着时间的推移，两人只能渐行渐远，好朋友做不成，彼此都苦恼，对谁都没有好处。一番引导之后结果往往会是两个人冰释前嫌，重归于好。

人际关系的和谐在于和而不同，主张在差别中和谐相处。教师要让学生明白同学之间闹矛盾的时候，首先要做到宽宏大量，不要计较对方的态度如何，而是要以和解为基础，多作自我批评，用自己的诚恳去感化别人的心灵。即使是自己对了，也别得理不让人。今后朋友之间相处，还会有误会、有矛盾，朋友甚至还会做出让自己讨厌的事情，但是只要与人为善，善与人处，就一定能够收获长久的友谊。

## 009

**课间活动时两名同学因偶然碰撞产生激烈冲突，谁也不肯相让，面对这种情况班主任该如何解决？**

在学生的日常交往中，往往会因为某些小事引发矛盾，造成同学之间关系紧张，甚至情绪失控，产生激烈冲突。其主要原因是现在的学生很多都是独生子女，受到家长的过度保护，以自我为中心，缺少容人之量、律己之念。

同学之间经常发生的矛盾，或是出于偶然不注意，或者玩笑开过了火，即使是诚心找碴儿的，往往也是因为一桩小事，只要对方能认识到自己的错误真诚道歉很容易解决。

《小学生日常行为规范》第 2 条中要求“友爱同学”，《小学生守则》第 8 条也提到“团结同学”。作为班主任发现同学之间有了矛盾冲突，首先要做的就是当即制止，然后了解事情原委，分别听取冲突发生的经过，认真进行调查研究，情况明了才能对症下药。在此过程中，教师要平等对待每位学生，尊重学生人格，千万不能先入为主，抱有偏见。在处理问题的时候讲清道理，循循善诱，不讽刺挖苦，不简单粗暴，以理服人，批评与自我批评相结合，直至双方和好。

如果发生的问题带有普遍性，班主任还可以借此机会在全班展开教育，不但可以借助集体的舆论、集体的力量解决具体问题，而且可以引起大家的警惕，防止类似问题再度发生。在这个过程中，要坚持对事不对人，请同学分析原因，发表见解，对照检查自己，说说需要采取的措施，可以通过倡议、公约的形式形成集体意志，增强全班的凝聚力、向心力。

学生之间发生冲突如果有必要可以通报家长，实事求是介绍事情经过和处理方法，需要家长配合教师的要求，同时认真倾听家长的意见，平等交流，达成共识，形成教育合力。

## 010

**个别女同学特别爱哭，遇到一点点挫折就会落泪，班主任该怎样对这类学生进行教育？**

班里一些女生特别爱哭，在别人看来的一点点小事，一点点挫折，都会让她们泪流不止。开始同学们还劝慰，后来，同学们见惯了，也就不再在意。同学们不在乎，教师可不能置之不理。

知觉生长模型理论认为哭是情绪表象，用以唤起外界注意和帮助。哭是一种情绪的表达，哭的行为是某些问题表面化的结果。这些学生爱哭是面对困难遭受挫折不能正视无法战胜的表现，造成这种现象的根本原因是溺爱。

独生子女的大量出现，物质生活的极大丰富，使得现代家庭人口的结构比例呈现出4：2：1的倒金字塔形。两代人争先恐后的关爱，造成了溺爱的主要动力。国家经济的高速发展，人民生活水平的迅速提高，为溺爱子女提供了物质保证，再加上“再穷也不能穷孩子”的传统心理等因素综合起来就形成了溺爱儿童的不良教育。

爱是伟大的，也是明确的、完整的。溺爱虽然也是爱，但它是畸形的、残缺的，极容易造成孩子懦弱、偏执、任性、孤僻、贪图享受、患得患失的个性。溺爱是拌在蜜糖里的砒霜。因此，教师要通过各种方式，向家长讲清楚溺爱的严重后果，取得家长的支持和配合。与此同时，还要向家长普及教育方法，告诉他们对付溺爱最好的办法就是拒绝形成习惯。也就是在溺爱的形成期，正确地处理对孩子的关爱。否则一旦形成习惯，孩子性格日渐定形，再想纠正就很难。

严是爱，松是害。首先，不要让孩子在家庭中的地位高人一等，处处特殊照顾，吃“独食”，好的食品供她一人享用；做“独生”，爷爷奶奶可以不过生日，孩子过生日得买大蛋糕。坚持长幼有序，就可以从小让孩子懂得自己应该处在什么位置上，应该享受什么待遇。例如吃饭就座老人为先，早上起床向家长问好，提出要求要说“请”……孩子有钱不是好事，往往有钱也花不到正道上，千万不要无节制地给孩子钱，避免孩子养成不珍惜物品、讲究物质享受、浪费金钱和不体贴他人的坏毛病。当孩子提出无理要求时家长可以采取“冷却三分钟”的办法，坚持在这三分钟里对孩子的行为不看，不说、不理。在孩子情绪稳定下来后，要耐心讲道理，最好是用既生动又富有教育意义的小故事予以开导。要让孩子明白有要求很正常，但要分清对与错，合理的要求可以得到支持和满足，无理要求是不会答应的。要利用一切场合和机会进行有意识地培养，在习惯养成上下功夫。例如帮孩子制定科学的作息时间表，督促孩子吃饭睡觉要准时，做事情要善始善终、聚精会神。家长不能养成孩子的依赖性，不要处处事事包办代替。要让孩子自己能做的事情自己做，家里能做的事情主动做，学校能做的事情抢着做，有能力依靠自己健康地成长。在孩子受到挫折时不要一味抚慰，而是要让孩子勇敢面对，想办法战胜困难。

除了争取家长的支持配合，教师还应将挫折教育纳入工作日程，经常反复进行。要通过各种方式引导学生乐观向上，迎接挑战。要善于通过榜样教育给她们树立学习的楷模，如汶川大地震中的林浩。他是小学2年级的学生，地震时才9岁，在汶川大地震中，表现出连大人都难得的勇敢和坚强，他不仅在废墟下组织同学们唱歌增加勇气，而且还一个人救出两名同学。那天，地震发生时他和同学们都往外跑，但被板子砸倒在地。“当时石板后面传来一个女同学的哭声。我就告诉她，别哭了，我们一起唱歌。大家就开始唱学校教的歌。最后一首《大中国》唱完后，女同学不哭了。”两个小时后，小林浩开始慢慢挪动身子向外爬。由于个子小，他几经努力终于爬出了废墟。他看到一个女同学昏倒在走廊上，就把她背出去了并交给校长，后来又爬回去，把另外一个男同学背出来。林浩后来走了7个小时的山路来到了都江堰，而后又被送到了四川省儿童活动中心。因为救同学，小林浩的头部多处被砸破，左手臂严重拉伤。老师要鼓励同学们学习林浩在灾难面前表现出来的阳光心态、顽强意志、机智勇敢。教师要让学生认识到时时处处，我们都会遇到一个个的挑战，面对各种各样的挑战，有的人退缩不前，悲观失望，自暴自弃，选择逃避，严重的甚至放弃了生命；有的人坚毅果敢，毫不退缩，知难而上，选择拼搏。我们是追求美好、乐观向上、全面发展的少先队员，牢记党和人民的殷切期望，应该走勇敢者的道路，从小就刻苦锻炼，培养健康的心理品质，勇敢地面对一切挑战，克服一切困难，这才是应有的态度。

教师可以在班内设置各种岗位，有意识地让比较娇气的同学担负起服务大家的责任，在集体生活中帮助她们克服娇气，培养竞争意识，培养毅力，调节心理情绪，提高勇于面对现实、敢于挑战自我的能力，确立努力目标，增强自强、自律、自理、自护的能力。

## O11

**班里总有一些学生做事拖拖拉拉，做作业磨磨蹭蹭，教师该如何对他们进行指导和帮助？**

很多老师都会遇到这样的情况，部分学生写作业太慢，总是不能按时完成，别的同学都交上来了，可他们就是拖拖拉拉，而且还时常做错，书写也很不工整。

这种情况在小学低年级的学生中出现得比较多，他们由于年龄小，注意的特点是无意注意占优势，注意力不稳定，不持久，易被一些新奇刺激吸引。低年级学生集中注意时间仅有 20 分钟左右，三、四、五年级学生可连续保持 30~40 分钟。他们的记忆特点是以机械记忆为主，思维特点以形象思维为主要形式，并逐步向抽象的逻辑思维过渡，模仿性特别强，情感表现比较明显，理智控制力差，意志比较薄弱，自控力差，意志活动很大程度依靠外部影响才能完成，主动性、独立性、坚持性较差，从他律为主向他律和自律结合的方向过渡。

因此，改变学生做事拖拉的毛病，应当想方设法增强他们的时间观念和效率观念，可以让他们自己与自己比赛，也可以动员家长与孩子比赛。先动员他们将自己磨蹭的毛病一一列出来，设计一张成绩表，记录做某件事的最初时间，然后记录完成时间，几天总结一次，有进步便给予表扬和奖励，没进步要帮助找出原因。至于做作业慢的问题，有的是缺乏时间观念和效率观念，有的是对学习缺乏兴趣，做作业是应付，所以必须在培养学习兴趣的前提下进行正确引导，帮助他们获得成功的体验。兴趣是最好的老师。要培养学习的兴趣，就要让学生有成功的体验。要多鼓励，不要因做作业问题随意指责，这样容易把学生弄“疲”，丧失改正的信心。也可以尝试用速度测定法，让学生感受“我可以快”。指导他们记录一个单位时间里（例如10分钟）能写多少个字，能做几道试题。然后算一算按这样的速度，做完所有的作业要用多长时间。让学生知道自己是能够这样快地完成作业的。重要的是让学生感受到“值得”。节约出来的时间，多做一些自己感兴趣的事情。要鼓励学生学会多问，要求学生做作业时不懂就问，开动脑筋，专时专用，坚持不放松。

## 012

**突发疫情让学生“圈”在了家里很长时间，一些同学因此产生了焦虑、烦躁、孤独等心理障碍，教师该怎样进行心理疏导呢？**

新冠疫情来得突然，既对人们的健康产生了巨大的影响，也改变了人们生存生活的方式。随着疫情来袭，学生居家学习的漫长几个月中，老师通过线上教学、交流沟通和同学们保持联系，到校后发现不少学生产生了焦虑、烦躁、孤独等心理障碍，表现为学习自律困难、不易控制情绪、精神状态萎靡等现象，需要及时进行教育引导。

马斯洛需求层次理论中提到，人类的五种需求分别是生理需求、安全需求、社交需求、尊重需求和自我需求。疫情的到来使学生的五个层次的需求打破了常规状态的平衡。

遇到这样的情况，作为教师要具体情况具体分析，找到具体原因。由于居家时间过长，父母陪伴孩子的时间有限，学生每天的活动范围狭小，这和非疫情期间学生可以充分活动、有丰富的活动项目相比是巨大的差异。在一定程度上产生了心理压抑的问题，感染新冠病毒人数不断上升，无形中对每一个学生产生了心理压力，这也打破了学生需要的稳定、安全、受到保护的安全需求。活动范围和方式受限，学生不能轻松和小伙伴取得联系，这也让学生的社交需求在实现过程中大打折扣。

找到学生不良情绪的原因，就要对症下药，进行心理疏导。要给学生一定的空间和时间，引导学生用倾诉的形式表达自己的想法，同时调整教学方案，开展因地制宜、丰富多彩的活动丰富学生日常生活。例如：小明的爸爸妈妈每天都工作不能在家陪伴他，担心小明过度使用网络。倡导大家认真地完成每天的学习任务的同时关心国家大事，多读书，读好书，观看适合自己的影视作品，加强体育锻炼，通过“新方法”加入“新内容”产生“新兴趣”，培养学生创新能力，平衡情绪，收获快乐。

要和家长沟通，得到家长的支持，齐心协力调整学生的心理状态，用智慧的火花驱散疫情带来的阴霾，战胜负面影响。

第四章

# 个别转化

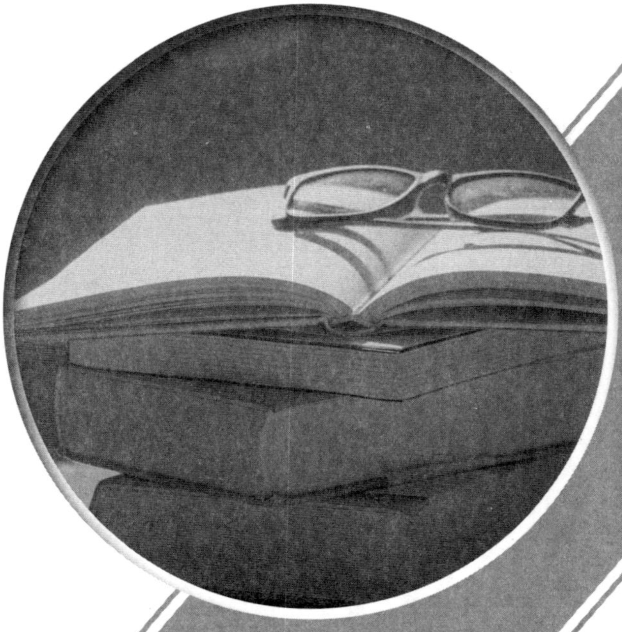

## 001

**如今儿童心理问题日益增多，情绪障碍、交往障碍显著增多，尤其是自闭倾向不容忽视，对此班主任该如何加以帮助？**

世界卫生组织（WHO）把健康定义为：健康是一种身体的、心智的和社会道德的完美状态，而不仅仅是没有疾病。随着现代社会的发展，人们越来越注重心理健康，WHO 曾对心理健康作了一个定义：在身体、智能以及情感上与他人的心理健康不相矛盾的基础上，将个人的心境发展到最佳状态。可见，心理健康不仅仅是没有心理疾病，更是一种各方面都良好的状态。台湾心理学家张春兴指出：学生心理健康问题，根源于家庭，形成与社会，表现于学校。

急剧变化的社会结构、家庭变革、母子早期分离、学习竞争压力增加等因素使得部分学生在校表现异常，表现为适应性减弱、焦虑、交往障碍、情绪失控，甚至自闭等症状。

学校作为学生成长的主阵地，不仅要培养品行端正、习惯良好的学生，更应为社会、为国家培养心理健康、适应性强的社会公民。班主任作为班级管理的主要负责人首先要有敏锐的观察力，及时发现有异常举动的学生，及时干预，及时沟通，及时帮扶，把问题解决在萌芽状态。

第一，教师个人要保持良好的心理健康状态。德国哲学家雅思贝尔斯说："教育就是一棵树摇动另一棵树，一朵云推动另一朵云，一个灵魂召唤另一个灵魂。"教师的心理状态会影响到班级的建设和学生的状态。要问这世上什么最宝贵？应该是"阳光"，无论是自然界的阳光，还是内心的阳光，都是拿金钱换不来的，希望大自然的阳光不仅能滋养万物，更能照进每一个人的心里。教师永葆"阳光"的心态，才能建设一个充满爱与阳光的集体，才能照亮那些内心充满寂寞、孤单、恐惧的孩子。

第二，要建立及时有效的家校沟通机制。班主任要时刻保持职业的敏感性，对于班级中出现交往障碍的学生要多观察、多留心、多沟通，大多数的心理问题都与原生家庭的环境影响有关。一方面，班主任要了解孩子的成长环境以及父母的教育理念等与学生成长有关的信息，有的放矢地开展工作。另一方面，家校沟通也要让家长了解学校的工作，认可学校或班主任的教育理念，双方达成共识，劲儿往一处使，才能更好地做好学生心理健康教育的工作。

第三，建立积极阳光、团结友爱的班级氛围。在全班学生的共同参与下，制定班规、班训、班徽等，形成一种充满正能量、有目标、有动力的班级文化氛围。班规、班训对学生培养良好的心理品质具有极其重要的作用。学生也可根据自身理解确定自己的座右铭，不断勉励自己、充实自己、完善自己。古语有云："近朱者赤，近墨者黑。"良好的班级氛围能对学生产生正向的激励作用，由此形成正强化、良性循环。此外，开展丰富多彩的班级活动也是改进学生交往行为的良好方式。有趣的贴人游戏、接力往返跑、你说我猜等活动都能促进心理问题和交往障碍学生更好地融进班级生活中来。

第四，接受心理教师的专业指导或行之有效的个别指导。大多数有交往障碍或情绪障碍的学生常常内心缺乏安全感，缺少关爱，因此经常对外界世界充满敌意，或者将自己封闭起来，抑或是表现得急躁，甚至歇斯底里，这些都是缺乏安全感和关爱的表现。因此教师要俯下身子，与这样的学生进行沟通，化解其内心的焦虑、不安、恐惧和孤独，引导其更好地融入班级生活。

另外对这样的学生要加强具体的指导，传授其人际交往的小技巧，如何调整自己的状态，平复现在急躁、冲动的心情；如何表达想与人亲近、友好的交往意向；采用何种方式与同学交往会赢得好感，而不是反感等等。

无论成人还是儿童，无论学习还是生活，每个人都不能活成一座“孤岛”，都需要与外界发生千丝万缕的联系，儿童成长空间大，可塑性强，因此也给班主任工作留出了很大的教育空间。作为教育工作者，培养身心健康、乐观向上、开朗乐群、懂得合作分享的学生更加重要。

未成年人是祖国的未来和希望，营造良好的心理健康环境，保障青少年健康成长，是全社会的共同责任。凡是有益学生成长的实践活动，都值得推广。总之，学校、家长、社会都要充分认识肩负的重任，积极传播先进文化，倡导文明健康的风气，唱响主旋律，打好主动仗，为构建文明、健康的环境，保护广大未成年人身心健康做出应有的贡献。

## 002

**某同学上课经常随便说话，学具也经常忘带，与同学相处经常发生矛盾，整天愁眉苦脸，心事重重。家长说他出生后得到全家宠爱，娇生惯养，现在有了二宝就顾不上他了。遇到这样的学生班主任该怎么办?**

随着国家二胎政策的开放，越来越多的家庭选择了为自己的第一个孩子“找个伴”。由于这些家庭中的父母往往都是“单独”或“双独”，自己本身没有兄弟姐妹间相处的经历和经验，所以不了解第一个孩子的心理会存在重大变化，产生心理落差，正如案例中大宝的表现。

第一个孩子出生后，全家宠爱，备受关注，家庭结构为6∶1。当二宝来到家庭中，由于其幼小，所有的家人一般都会将精力转移在二宝的抚育上，大宝感觉自己一下子失去了宠爱与关注，虽然嘴上不好意思说，但是内心需要关注和安慰的渴望会越来越强烈。当这种愿望得不到满足的时候，就会表现出上课经常随便说话，学具经常忘带，与同学相处经常发生矛盾，整天愁眉苦脸，心事重重等。

作为班主任，要密切关注这些学生的情绪变化，采取适当方式提供帮助改变现状。

首先，要走进学生心灵深处，利用课余时间和学生谈心。可以事先从家长那里找些学生不同阶段的照片，让他说说照片背后的故事，和他一起回忆自己的成长经历，体会从小到现在家人们在他身上的辛勤付出。然后，说说从家长那儿了解到的学生在家人眼中的优点，表达家人对他的期望。

其次，通过情感交流，引导学生面对现实，查找自己的问题，并分析问题出现的原因。也许是没有家人的提醒，自己忽略了要带齐学具；也许是在家缺少交流的机会，自己就想多和同学们说说话；也许是在家中不被关注了，所以总是忧心忡忡……问题只是表象，只有寻其根源，才能打开心灵之锁。在深入交谈中，要启发学生认识到有了小弟弟是一种幸福，也是一种责任。班主任可以通过一些耳熟能详的经典故事启发引导学生，例如《孔融让梨》等，让学生记住并理解“兄道友，弟道恭，兄弟睦，孝在中”的道理。

通过故事分享，可以让学生谈谈弟弟的可爱之处，给家庭带来的更多的快乐，感受弟弟也是家庭中不可缺少的一员，用兄弟手足之情去感化学生。

可以鼓励学生把弟弟写进自己的日记或作文中，也可以给弟弟讲故事、画像等，或者把照片带来给老师和同学看。最关键的是要引导学生思考“该做个怎样的哥哥”，从而找到自己努力的方向，尽快改掉自身存在的问题。

学生身上出现问题，家长是有责任的，班主任要与家长联动，从心理和行动上加以引导才能达到转化的目的。

班主任可以通过开展各种活动让学生传递亲情。例如：在日记交流中，让学生读读自己在生活中捕捉的兄弟姐妹间的温暖瞬间；也可以在午休时交流一下如何逗弟弟、妹妹开心的方法；还可以在课余时间交流一下适合给弟弟妹妹讲的故事、笑话等，将兄弟情、姐妹爱、浓浓一家亲的氛围在班级中传递开来，让每一位学生学会分享爱，收获属于全家的幸福。

## 003

**小强今天又迟到了，而且精神萎靡不振。最近一段时期他总是隔三岔五地迟到，经了解是由于家长工作较忙，将他放在托管班，晚上很晚才睡造成的。对于这样比较懒散家长又无暇有效监管的学生该如何进行教育？**

小强的情况带有普遍性，而且迟到的学生在老师询问原因时总会找出各种理由进行辩解，有时强调晚上睡得太晚，早上太困起不了床，有时把责任推卸给爸爸妈妈，责怪他们不能早早叫他起床……听到老师的教导后这些学生往往会当即表示改正，可是，没过两天又旧态复发。

暗示→明示→提醒→批评→接受→道歉→承诺→照旧……对于小强的帮

助，进入了一个死循环。为什么不见成效呢？静下心来思考，结论是教师的教育并没有入脑动心，没有激发学生改变的内驱力。

首先，教师要深入调查学生迟到的原因，然后对症下药。教师应把对学生的信任、尊重、理解，贯穿于整个教育活动中，不要死抓住迟到不放，更不能因学生屡教不改而产生成见，要给学生更多的关爱。同时，从养成教育入手，针对性地采取措施，促使其改正迟到的坏毛病。

另外，教师要善于发挥集体的力量实施教育，调动全班学生的积极性，树立健康向上、遵纪守规的班风。在讲清道理的同时制定班规，将守时遵纪方面的内容作为班规的重要部分。规定要细致，落实要严格。开始的时候，要压缩时间，而不是放宽时间，可以要求学生比正常时间提前五分钟到校，等同学们习惯之后，再逐渐恢复到正常时间到校。让班干部和经常迟到的同学结成手拉手一帮一的关系，随时督促提醒。可以设立监督岗，迟到了要当众说明原因，耽误了大家学习要道歉。还可以采取一些独特的方法，例如迟到了几分钟，就要求第二天提前几分钟到校。

此外，老师要主动与家长取得联系，共同寻找原因，一起采取有效措施做好学生的转化工作。

需要特别注意的是老师不但要循循善诱，而且要以身作则，处处做出表率，为学生树立榜样。

## 004

**班上有些学生自理能力很差，经常丢三落四，位斗、书包里总是乱糟糟，班主任应该如何帮助学生改变现状？**

培养小学生的自理能力是班主任不可忽视的问题。现在的小学生普遍存在自理能力较差的问题，个别学生经常丢三落四，位斗、书包里总是乱糟糟的，说明学校教育和家庭教育刻不容缓。那么，怎样培养小学生的自理能力呢？

一是要打消依赖思想。家长要坚持让孩子“自己的事情自己做”，学校可以通过班集体和少先队组织给予配合，通过制定班规、发出倡议、开展活动、竞赛评优等不同形式进行检查、督促、评议。对低年级学生要求起床后自己叠被、穿衣、洗脸、整理书包；对中高年级学生要求在家帮助父母洗衣服、做饭、做菜，正确使用煤气和家电等。通过不断实践，使学生对父母的依赖逐渐改变。

二是要培养学生的自信心。没有自信心什么事情也做不好。自信心在培养自理能力中占有重要的心理地位。因此，可以发出“在校内找一找自己能做的事”的号召，设置多种岗位，主动担负责任，自觉清扫教室。同时，在教师指导下学生自己管理校园电视台、广播站、黑板报和专栏，通过少代会、研学考察等形式开展活动，强化劳动教育，学习劳动技能。

三是着重培养学生的意志力。提升自理能力离不开意志力的培养。现在的学生生活幸福，处处顺畅，往往意志力不强，耐挫力较差。可以通过丰富多彩的活动加以锻炼，如象征性长跑、研学考察、一日夏令营、少年军校等，鼓励他们克服困难，勇于拼搏，敢于胜利。

总之，要在自理教育中让学生懂得应该自己做的必须做，不讲条件；做得不好从头再来，绝不气馁；掌握方法反复实践，养成良好习惯。

家庭是学生自理教育的主阵地，也是培养学生自理能力的必要环境，教师要动员家长行动起来，讲明道理，制定措施，齐抓共管，形成合力。

## 005

**有些同学在课堂上经常随便说话，甚至发出怪声干扰教学秩序，教师反复提醒他们却满不在乎，说自己就是控制不住。对这样的学生班主任该如何进行教育？**

一些同学上课做小动作，干扰大家学习，教师批评时反而找出理由为自己辩护，这种现象虽然常见，却不可忽视。

规则教育是小学生素质教育的重要内容，也是班主任养成教育的重要课题，需要反复抓，抓反复。

规矩本是校正圆形、方形的两种工具。矩不正，不可为方；规不正，不可为圆。规则是大家共同遵守的制度或章程。国不可一日无法，家不可一日无规，校不可一日无纪。学生只有人人懂规矩，个个守规则，才能全面发展、健康成长。

少年儿童是祖国的未来、民族的希望，花季时节，需要身心舒展自由，追求个性充分展示，但同时也要把规矩立在前面，把规则融入习惯。有的同学认为："多了约束便没了个性，一味地遵规守纪，会让我们的成长受束缚。"这种认识是片面的、错误的。

规矩是为了维护大家的利益而制定的，规则是为了维护社会的和谐而颁布的。"大河有水小河满，大河无水小河干。"只有维护好大家的共同利益，维护好社会的整体和谐，人人才会享受安定和祥和，生活才会变得美好和幸福。

很多同学都喜欢足球，每次世界杯吹响号角，整个世界都为之沸腾。2006年的法国与意大利的巅峰之战实在是振奋人心，但是结果又出人意料。当著名球星齐达内用他的光头顶入第一个球时，全场都在为他欢呼呐喊，此时，他就是人们心目中的英雄。10分钟后，法国队又进了一球。全场的法国队球迷都在欢呼雀跃。但是就在这时，齐达内的光头撞向了意大利的一名球员，大家呆住了，全场也静了下来。裁判出示了红牌，判齐达内故意撞人，罚出场外。齐达内低着头，他知道红牌意味着什么，故意撞人，必须下场。他离开了足球场。法国队也因为齐达内的离开，全场士气受到打击，最终无缘大力神杯。

班主任要让大家懂得，规矩不会对任何人做出让步，规则也不会为任何个人做出改变。现实生活中，很多不懂规矩、不守规则的人受到社会舆论谴责，甚至被党纪国法严惩，就生动地说明了这个道理。

社会主义核心价值观集中体现了法治精神和社会准则，贯穿于社会生活的方方面面。班主任要通过教育引导、舆论宣传、文化熏陶、实践养成、制度保障等措施，使社会主义核心价值观内化为同学们的精神追求，外化为大家的自觉行动。规则教育至关重要，只有从细节抓起、从课堂抓起，运用生动活泼的形式，生动具体地告诉同学们什么是真善美，什么是假恶丑，什么是必须遵守和做到的，什么是应该唾弃和反对的，懂规矩守规则才会成为同学们的自觉行为，进而成为良好的道德行为习惯。

《小学生守则》涵盖了学生全面发展的基本要求，体现了社会主义核心价值观，注重引领和规范学生思想品德与言行举止，要求小学生讲文明、传美德、守规则、践礼仪，做到知行合一、明理笃行。班主任要让同学们牢记《守则》并努力践行，落到实处。要让同学们在实践中感知它、领悟它，在落细、落小、落实上下功夫，按照社会主义核心价值观的基本要求，健全各项规章制度，完善行为守则，规范文明礼仪，开展多种活动，传播法制精神，培养良好行为习惯，立德树人，弘道养正。

规则教育是一项综合工程，具有鲜明的时代性、教育性、社会性和实践性，引领学生了解、认可、遵守、传播规则的过程，就是促进他们陶冶情操、成长成才的过程，就是素质教育不断实化、具化、童化的过程，让每个学生明理笃行，自强自励，成为首都文明小学生！

## 006

**班里的“小霸王”强强，长得又高又壮，性格倔强，脾气暴躁，经常和同学发生争执，有时还出手伤人，多次批评却态度蛮横，班主任该如何进行教育？**

强强的表现有一定的代表性。班级里总会有个别学生常常为一点小事打骂、欺负同学，甚至无缘无故地发脾气。这样的学生表面看是品德问题，其实根源在于心理出了问题。

面对这样的学生，教师要冷静，通过思考、实践，找到有效的方法进行教育。要主动联系家长，认真了解学生在家里的一贯表现，结果往往会发现是家庭的不当教育导致学生养成的毛病。例如父母教育方法简单粗暴，父母感情不和存在家暴倾向，父母溺爱等等，因为欲望得不到满足，就采取攻击他人、毁坏物品的行为。儿童攻击性常表现为：好胜心强，喜欢与人争执。这类孩子见不得别人比自己强，事事好与人争，一旦同学在某个方面超过自己就会表现出反常行为，与人争执、打斗，发泄内心的不满；爱惹事，自控力差，平时管不住自己，言行举止不分时间、场合，课堂上坐不住，爱惹是生非，影响其他同学，课间常因自控力差而与同学发生摩擦，导致出现对其他学生的攻击；情绪不稳定，好冲动，时常乱发脾气。这类学生往往在家中娇生惯养，稍有不顺，便要性子，自我中心意识强，容不得别人的批评。综上所述，只有从心理调适入手，才有可能纠正学生的错误行为，引导他们与人为善，懂得善与人处的方法。

作为班主任，首先不能讨厌、歧视这类学生，不能简单地训斥批评，从而造成学生逆反的心理，产生精神压力或刺激其情绪波动，而要多关心，多理解，使其感受到教师的温暖而有触动，有悔意，为教育引导打下基础。

其次，要采取有效的干预措施，改善其家庭成长环境，要同学生家长诚恳谈心，坦诚交流，使他们明白孩子的性格培养离不开良好的家庭教育，要求父母多抽一些时间来关心孩子的学习和生活。孩子有错时应耐心开导绝对不能采取辱骂甚至体罚的错误方式。另外，还应帮助家长分析孩子的文化环境，要求家长禁止孩子看带有暴力倾向的影视作品，玩带有暴力倾向的电子游戏，帮助孩子提高辨别是非的能力。

班主任要善于利用集体的力量教育学生，使其养成良好的行为习惯。通过主题班队会，引导大家认识到人字由一撇一捺构成，需要相互支撑，人离不开集体。班级就是一个集体，有老师有同学，大家来自四面八方，来自不同家庭，脾气秉性各不相同，兴趣爱好也不一样，但为了一个共同的目标，一起学习，一起成长，一起进步。小家大家都是家，要热爱集体，以集体的利益为重，尊重集体的意愿，服从集体的决议，既要学会在集体里当家做主，发挥才干，也要学会在集体中与人为善，善与人处。团结起来力量大，合作共事才成功。

在集体中，要通过设立岗位，让这类同学受到实际锻炼，不但接受同学们的关心和帮助，而且也能够在履职尽责时去关心帮助别人。有了进步要及时表扬，出现反复要及时引导，努力形成集体约束力，造就向善向上的集体氛围。

## 007

**一位同学非常聪明，学习成绩很优秀，每次小组合作，他总是埋怨其他同学做得不好。如果成绩没有其他小组好，就把责任推到别人身上，因此经常引起同学之间的矛盾。作为班主任，面对这种学生应如何进行正确的教育引导呢？**

聪明的学生容易产生骄傲自满的情绪，导致难以与别人合作，甚至看不起别人，一旦有了失误就责怪别人，作为班主任一定要重视，给予教育。

这类学生往往源于自负心理，觉得自己什么都是最优秀的，别人都不如自己，即使小组合作的时候也看不到别人身上的优点，固执地认为出了错都是别人的问题。导致这种心理产生的原因主要有两个方面：一方面是身边人的评价，尤其是家长和老师的评价，平时赞扬多，批评少，无形中培养了学生眼高于顶的不良倾向；另一方面是学生对自身的片面认识，由于经历有限，没有经历过什么挫折，偶尔遭遇失败，不愿意从主观上查找原因，而是本能性地去找客观理由，怕负责任，总是沉浸在“我是最棒的，不会犯错误”的狭隘认知中。

因此，教师要引导学生学会照镜子。在日常生活里，镜子并不少见。人们对着镜子洗脸梳妆，端正衣冠。镜子帮助人们认识了自己，它不偏不倚，实事求是地反映出你的真实面貌，不管你是俊是丑，不管你是否高兴和在乎。你只要经常照镜子，就会发现自己的不足，从而会想方设法克服它，你就会不断进步。互相照镜子叫作批评；自己照镜子叫作自我批评。经常开展批评与自我批评，同学之间才会增进团结，集体才能保持活力。

有些同学是属老虎的，老虎的屁股摸不得，听见一点不同意见，就发火，就难受，就受不了；还有的同学是属猴子的，通红的屁股自己看不见，还不准别人说，谁说跟谁急。这就是缺乏批评与自我批评的表现，是心胸狭窄、目光短浅的表现，不加以克服，不但会影响自己的进步，也会和大家相处不好，给集体造成损害。

接受帮助，就是要听得进意见，受得了批评，在知错就改、越改越好的氛围中健康成长。一个人不可能十全十美，总是在克服缺点、纠正错误的过程中进步的，正所谓“玉不琢，不成器；人不学，不知义”。学生正处在世界观、人生观、价值观形成的过程中，需要得到帮助。不要嫌父母说得多，不要嫌老师管得严，不要嫌同学们管得宽，首先要想想说得管得对不对、是不是为自己好，对了就要听。有些事没有做好，这不要紧，只要自己意识到、愿意改就是进步；自己没有意识到，父母、老师、同学指出来了，使自己意识到、愿意改也是进步。“良药苦口利于病，忠言逆耳利于行。”要养成严格要求自己、虚心接受批评帮助的习惯。只要从小就沿着正确道路走，学到一点，就实践一点，努力做最好的自己，人生就会迎来一路阳光。

在教育的过程中可以发动大家寻找榜样，用警句名言激励自己，如“单丝不成线，独木不成林”“人心齐，泰山移”“谁要求没有缺点的朋友，谁就没有朋友”“虚心使人进步，骄傲使人落后”等等。通过召开主题班队会，开展多种形式的手拉手活动，组织小课题组进行研学考察等引领学生在实践中学会合作，学会互补，实现共同进步。

## 008

**小丽由于偏胖，总是被班里的男生嘲笑，这让她很苦恼；体育课上她尽管很努力，但还是比不过其他同学，这让她慢慢失去了自信，经常以身体不舒服为理由逃避体育锻炼。遇到这样的情况，班主任该如何进行教育和引导？**

小丽经常以身体不舒服为理由逃避体育锻炼，实际上是由于身体偏胖，同学嘲笑，情绪低落，越来越不自信而设法逃避。她很苦恼，也曾努力，但还是比不过其他同学，于是变得自卑。作为班主任，要从两方面入手进行干预，一方面关注小丽，及时给予引导，使其正确看待自己，重新建立自信，并采取科学措施加强体育锻炼，促进全面发展。另一方面对班里同学加强教育，引导大家正确处理人际关系，关爱自己的伙伴，形成向善向上的良好班风。

精神分析学派大师埃里克森（E.H.Erikson）的人格发展理论指出：6—11岁是决定一个人的心理倾向是勤奋踏实还是自卑自暴自弃的关键阶段，而这个阶段正好是小学教育阶段。因此，班主任要密切关注学生的行为变化，从而透过现象看本质，捕捉到影响学生心理健康的问题。

对于学生来说，建立和保持与他人相互依赖、合作的关系，得到同伴的理解和尊重，自尊心、自信心就会逐步建立起来。如果同伴关系是充满敌意的、嘲讽的、相互拒绝的，就会感到孤独、焦虑，对自己的能力、品质缺少信心，产生自卑感。而自卑的学生往往被人看不起，遭到同学的排斥，造成心理上的巨大压力。长期处于这种状态，就会造成自卑、冷漠、敌对、孤僻的性格。同时自卑的学生又不愿与他人交往，摆脱不了孤独的阴霾，陷入了一种十分恶劣的心理环境中，长此以往危害巨大。

为此，班主任可以采取以下方法：

一是培养温暖集体，形成和谐班风。班级部分男生嘲讽小丽，说明班级的舆论导向正气不足。班主任可通过环境布置，如黑板报、手抄报、专栏等宣传与人为善、善与人处的重要性，表彰这方面做得好的人和事，形成正确舆论氛围。同时，通过召开班队会，引导大家深入讨论如何正确看待自己的同学？如何帮助有困难的同伴？我们应该如何做到手拉手，心连心，送温暖，共进步？在教育与引导的同时，动员大家积极行动起来，找出小丽身上的优点，找到帮助小丽加强体育锻炼、增强自信心的办法。在这个过程中，要找那几个总是嘲讽小丽的男生谈话，教育他们懂得己所不欲，勿施于人的道理，明白讽刺挖苦给他人造成的痛苦，鼓励他们主动和小丽接近，改正自己的错误。

班主任还要注意发挥班委会的作用，要求班干部带头制止、抵制、劝阻这些行为，同时带领同学们行动起来，实实在在地帮助小丽感受到班级的温暖和关爱，营造温馨、友爱、和谐的班级氛围。

二是正确认知自我，摆脱自卑心理。小丽之所以自卑，在于过度关注他人的评价，没有认识到自己的长处，从而形成了对自我的否定。“尺有所短，寸有所长。”其实，每个人都有自己的闪光点，要帮助小丽找到自己的长处和经过努力成功的事例，激发自信心，建立自励意识。班主任要鼓励小丽向老师、家长倾诉和求助，给予她足够的理解和信任，让小丽获得坚强起来勇敢面对的动力。

三是多次体验实践，重新找回自信。班主任要看到小丽的长处，创造契机，给予她表现的机会，让她感受到成功的体验。心理学家马斯洛认为，人的基本需要共五个层次，其中自我实现的需要是最高层次的需要。并且科学研究的结果表明每一次成功，人的大脑便有一种刻画的痕迹——动作模式的电路纹。当人重新忆起往日成功的动作模式时，人又可重新获得那种成功的喜悦，从而消除自卑，充满信心。因此教师要多为自卑学生创设获得成功的机会，不失时机地给予肯定，让其得到成功的喜悦。一个鼓励的手势，一个赞许的微笑，一句贴心的话语，积少成多，一次次成功的感受终会让其渐渐扬起自信的风帆。

## 009

**一年级的小尊在家里得到爸爸妈妈的尊重，有事总是和他商量，从不硬性要求，因而性格开朗，个性突出，凡事都喜欢按照自己的意愿行事，在学校做事往往不分时间场合不管不顾，导致总和同学发生矛盾，对这样的学生该怎么办?**

在家庭教育中，小尊的爸爸妈妈非常尊重他，有事总是和他商量，从不硬性要求，是家长作风民主的体现，这种做法是正确的，应该予以肯定和提倡。但是，由此导致的小尊凡事都喜欢按照自己的意愿行事，到学校后往往不分时间场合做事不管不顾，总和同学发生矛盾，这就应该引起足够的重视，及时加以教育和引导。

小尊的爸爸妈妈从不对他有任何的硬性要求，这就意味着小尊的爸爸妈妈非常关注孩子的意见与想法，却忽略了事情本身的对与错。事事顺从孩子的意愿，就很有可能让孩子养成自以为是的错误心理，认为自己做什么都是对的，受不得别人的批评，听不进别人的意见。慢慢地，就会形成以自我为中心，将自己凌驾于集体和他人之上，独断专行，造成与大家关系紧张，既不利于自己的健康成长，又常常损害集体的利益。

作为班主任，当然要鼓励学生性格开朗，富有主见，能够独立思考，自立自强，但也要注意加强教育，使他们认识到在现实生活中，尤其是在集体生活中是无法满足每个人都能“凡事按照自己的意愿行事”的，个人服从集体，少数服从多数，做事讲究方式，遇事与人商量，才能与人为善，获得大家的信任。

对小尊这样的同学要细致地进行教育引导，让他们接受帮助。

与此同时，班主任要主动与家长取得联系，进行沟通，达成共识，动员家长在尊重孩子、认真听取孩子心声的前提下加以分析引导，辨明是非，坚持原则，严格要求，帮助孩子学会尊重别人，尊重集体，形成正确的人生观、价值观。

## 010

**小红喜欢参加航模活动，经常参加各种比赛而且成绩不错，放学后大部分时间钻研航模，有时没有完成作业，班主任该如何教育引导？**

《中共中央国务院关于深化教育改革全面推进素质教育的决定》中明确指出：“实施素质教育，就是全面贯彻党的教育方针，以提高国民素质为根本宗旨，以培养学生的创新精神和实践能力为重点，造就一代有理想、有道德、有文化、有纪律的德智体美劳等全面发展的社会主义事业建设者和接班人。”

促进学生全面发展是我们的教育目标，培养学生的创新精神和实践能力是我们教育的重点，而智力和非智力教育的结合恰恰是实现目标、把握重点的必由之路。

学生心理具有很强的可塑性，早期进行“智力”和“非智力”因素的配合教育，可促进双向发展，并可为今后奠定基础。学生“智力”的开发离不开“非智力”因素的培养，“非智力”因素的早期培养，对“智力”的开发有着事半功倍的功效。

小学生时期最基本的道德、情绪已初步形成，并开始出现理智和美感。随着言语和思维的发展及自身实践活动的经验积累，开始形成意志和性格，教师应注意观察，及时发现，并鼓励学生的优良意志表现，并使之巩固、发扬。这不仅可以促进“智力”的发展，而且对学生的一生将起到不可估量的作用。兴趣在“非智力”因素中占有重要地位。

兴趣是后天形成的，并受环境的影响。教育学家认为，兴趣是将注意力集中于某对象，并伴有喜欢、愉悦的感情体验的一种心理状态。教育在兴趣的形成和人的兴趣品质方面的作用举足轻重，因而便有“兴趣是最好的老师”的名句，梁启超说：“兴趣决定成功与失败。”兴趣是在需要的基础上产生的。兴趣引导着人们去探索，成功的满足可强化兴趣。兴趣又与能力相联系，兴趣的产生与强化常以能力为中介。取得了好的成绩，学习兴趣便会大增；成绩不好，学习兴趣便会大减，甚至厌倦学习。

学生的学习兴趣与思维的发展有密切的联系。心理学认为，兴趣是对所从事的活动的创造性态度的重要条件。任何有成就的人都热衷于自己所从事的事业或专业，甚至达到入迷的程度。天才的秘密就在于强烈的兴趣和爱好，从而产生无限的热情，这是勤奋的重要动力。兴趣和爱好吸引学生去从事活动，去思考问题。这些内、外部的活动又促进思维的发展。

在整个小学时期内，学生的学习兴趣最初是不分化的，以后才逐渐产生对不同学科内容兴趣的初步分化，但这种分化还很不稳定。航模活动的科技性、创造性、时代性很强，既能锻炼思维能力，将所学到的课堂知识灵活运用到实践中去，又能提升动手制作的能力，强健体魄，顽强意志，是非常好的兴趣活动，极受学生特别是男同学喜爱。个别学生因此不能按时完成作业，往往不是不会做，而是处理不好兴趣爱好与课堂学习之间的关系，重此轻彼，需要加强引导。

兴趣和爱好是催化剂，它不断地促进学生去实践、去探索、去思考，在这个过程中不断地开辟着他们智慧发展的道路。作为教师要把学生的学习兴趣作为正在形成的某种思维能力的契机来培养，要启发学生的好奇心，发展培养他们的求知欲和学习兴趣，同时教会他们处理好与学习之间的关系，促进其勤奋学习，增强自制力，合理分配学习时间和精力，做到全面发展、乐学会学。

## 011

**班里召开的故事会上，有位同学讲了自己喜欢的带有魔幻性的故事，但很多同学听不懂，根本不感兴趣，评价较低，该同学情绪低落，找教师诉苦，抱怨同学打分不公平，对此教师应该怎么做？**

对于小学生来说，认识自我需要一个过程。正确认识自我，对学生的行为有着重要的调节作用。处于成长期的学生，对自己的认识不够稳定，别人的评价对于学生认识自我具有强烈的暗示作用，甚至会产生一定的影响。那么，怎样引导学生正确认识自我呢？

学生中经常发现两种类型：一种是太自信，好像自己什么都行，初生牛犊不怕虎；另一种是太自卑，好像自己什么都不如人，不论干什么都没信心。案例中的学生属于前一种，自己喜欢的带有魔幻性的故事同学听不懂，不感兴趣，评价较低，导致该同学情绪低落找教师诉苦，抱怨同学打分不公平，就是不能正确看待自己的缘故。俗话说：人贵有自知之明。意思是说，一个人能正确认识自己是难能可贵的。小学生处于寻找自我、认识自我的关键期，尤其是处在高年级的学生，他们对自己的认识往往是不稳定的，有时很自信，有时很自卑，有时候爱交朋友，有时候又喜欢独处，有时候性情开朗，有时候又处于苦恼之中。因此，他们经常会把自己喜欢自己认为成功的评价固化下来，如果周围人们的评价与自己的认识有差异，就会心生不满，导致情绪低落。

自我认识是自我教育的基础，自我教育是教育的灵魂和追求。因此，帮助学生正确认识自己、评价自己，进而自己教育自己，这是每个教师在教育过程中不可忽视的。具体来说，教师应从学生的生理自我、社会自我、心理自我三方面的教育入手，帮助学生正确认识自己。

所谓生理自我，指的是自己的身体形象，包括性别、外表特征等，要认识个体的差异性。从遗传学的角度来看，人的 23 个雄性染色体和 23 个雌性染色体“混合”时，会产生 8 388 608 种不同组合，当染色体中的基因进一步“混合”时，可能的组合数高达 64 万亿种，再加上后天复杂变化的环境影响，因此世上不可能有两个完全相同的人。“成为自己”是一个极为普遍的自然法则，因此不要轻易拿自己和别人做比较，尤其不能拿自己的弱点和别人的优势相比较。每个学生都有自己的优势和弱点，和他人盲目比较很容易使学生产生自卑或自负心理，学生自己认为是优势的、成功的，往往在别人眼里其实并不是。教师要教会学生客观地认识自己、评价自己、欣赏自己、接受自己。

社会自我是指学生在社会关系中的位置，包括自己在亲戚、朋友、同学、同事中的影响和位置。教师首先要引导学生对家庭自我的认同。家庭是社会的细胞，是学生第一个，也是最重要的一个自我发展基地，家庭自我是对家庭特征的认同和内化的结果。要让学生了解自己的家，了解家庭的每一个成员，明白自己和家、自己和家庭成员的关系，让学生懂得自己的拥有，懂得爱自己的家人。其次，要指导学生对社会自我、集体自我的把握和认同。每个人都生活在社会、集体之中，与他人有着千丝万缕的联系，不能不与他人合作。一是要告诉学生，既然每个人都生活在集体之中，就需人人都遵守、服从、维护集体的规则，任何人都只能为集体增光，而不能为集体抹黑。二是要鼓励学生保持自己的个性，带着个性融入集体，既能与他人打成一片，具有合作的意识和能力，又不能人云亦云，丧失自己的个性和主见。三是防止两个极端：高估自己或贬低自己。高估自己的情况随时随地都可能发生，因为人人都容易犯放大别人的缺点、缩小别人的优点，而放大自己的优点、缩小自己的缺点的错误，这是人性的弱点。需要经常提醒，才不致盲目自大。所以，在学生成长的过程中，需要及时给予学生客观、公正的评价，不能让学生因为一点点的成绩就被胜利冲昏了头脑。相反，低估自己，觉得自己时时处处不如人，也会把自己带到痛苦的深渊。一些学生因某次失败，或因遭到了某种意外的打击，就陷入自卑的阴影中而不能自拔。这时就需要教师客观、公正地给予正确的评价，同时给予正确的引导，使他们摆脱阴影，重新找回自我。

心理自我是指对自己的气质、能力、性格、情趣、爱好、理想等的认识，这是认识自我的关键，需要认真加以分析。一个人的健康包括身体健康、心理健康两方面。现在的学生很多都有不同程度的心理问题，这主要是因为他们成长的烦恼无处排解而引发的。教师要帮助学生处理好五个方面的关系：一是今天和明天的关系。每个人都生活在今天，但每个人都希望明天比今天更美好。理想是学生健康向上的内动力，是学生对美好未来的自然流露，但仅有理想还不够。教师应让学生懂得，明天比今天更美好是以充实今天为基础的，应鼓励学生认真对待今天，养成从我做起，从今天做起，从小事做起的习惯，不能眼高手低，也不能只说不做。教师对学生明天的期望切记要从学生的原有水平和实际能力出发。期望过高，目标达不到，容易造成心理自卑；期望过低，没有挑战性，也不符合学生的天性。因此，教师应该让学生把希望寄托在自己努力后能达到的目标上，脚踏实地自我奋斗，要让学生知道成功是靠奋斗得来的，奋斗是成功的基础。二是优势和弱势的关系。根据多元智慧的理论，每个人都有多方面的智慧，如：音乐智慧、肢体智慧、语言智慧、空间智慧、反省智慧、自然智慧、数学逻辑智慧、人际交往智慧等。人与人之间的差异，体现在人与人之间的优势智慧不同与呈现的早晚不同。因此，教师应善于发现学生的优势智慧，扬其长促其短。要为学生搭建“舞台”，让学生能在“舞台”上充分展示自我、认识自我。要提供具体的帮助，促使学生的弱势智慧在原有的水平上有所提高。要倾听学生的心声，尊重学生的兴趣，多给学生一点自我创造、自我设计的空间。要鼓励学生向他人学习，吸取别人的智慧来丰富、完善自己的智慧。三是逆境和顺境的关系。学生的成长，有时候顺，有时候又不顺；有时候会取得成功，有时候也会遇到失败。乐观的心态、顽强的意志、不屈不挠的精神是可以通过培养锻炼来铸就的。教师一方面要和学生产生情感共鸣，为学生的成功喝彩；另一方面，也要引导学生居安思危，学会正确对待自己的成功，让学生明白山外有山、人外有人的道理，不要被暂时的成功冲昏头脑。在逆境时，教师更应多给学生一些帮助和鼓励，让学生在失败中吸取教训、经受考验。教师只有提前给学生打“预防针”，帮他们克服意志薄弱的毛病，才能使他们在各种锻炼和考验面前，百折不挠、百炼成钢。四是快乐与烦恼的关系。人人都希望自己天天快乐，但生活、学习本身却是酸甜苦辣五味俱全的。学生乐观、自信、豁达的心态是需要教师有效引导的。首先，要让学生知道，快乐是不会自己送上门来的，快乐需要自己去寻找、去体验；其次，要学会如何对待不快乐，即学会自我心理调节。快乐的人并不是没有不快乐的事，而是知道如何对待不快乐的事。因此，要帮助学生排除烦恼，找到快乐。

古人云：“不如人意常八九，如人之意一二分。”在日常生活中，教师要引导学生当让则让，当进则进。有时退一步风平浪静，进一步海阔天空。心理失衡，无法自我调节时，可以和老师谈谈，与小伙伴们聊聊，从大家的帮助和集体的温暖中获取力量，鼓舞斗志。

## 012

**随班就读学生小叶患有抑郁症。家里老人认为孩子很不幸，因此百般疼爱。小叶不仅自理能力差，课堂上也经常控制不住自己的言行，扰乱课堂秩序。起初，同学们还能够理解、包容，但随着时间的延长，其他同学和家长意见很大。作为班主任，你该怎么办呢？**

---

这个案例较为复杂，主要涉及三个方面的问题，既有对学生的心理疏

导——建立自信心，又有家校合作——共同育人，还包含着班级建设——关爱、包容的集体建设。

抑郁症是一种精神疾病，患有这种病的学生敏感、缺乏自信，遇事易怒。由于父母会对其百依百顺，因此，一旦出现不如意，会更加易怒，甚至出现自残等极端反应。随班就读的学生也是集体的一员，他们更需要得到集体的关爱，同时，也是教师格外关注的对象。

作为班主任应该及时与家长进行沟通，通过家校合作，帮助学生建立自信心，并在班级中倡导积极向上互帮互助的良好氛围，使学生尽快走出自闭，健康快乐地成长。

班主任可以利用课余时间，与学生零距离接触，耐心交谈，了解其上课发脾气的真正原因。对于小叶来说，提高自理能力，克服急躁情绪，建立自信是当务之急。自理能力差需要传授方法，循序渐进地培养，比如把书本按科目进行分类有利于寻找等。要给学生提出切实可行的建议，让其努力控制自己的情绪，尝试自己解决问题，解决不了的及时寻求老师和同学的帮助，让他明白在这个集体当中，自己不是孤立无助的，每个人都愿意帮助他，自己也应该为别人着想，多为集体做一些事情。

班主任要与家长进行交流，了解学生在家中的情绪变化，以及家里解决类似问题的方式方法。经过沟通，发现家庭教育中的问题，从教育科学的角度给家长提出合理化建议，使他们真正意识到健康的家庭教育对孩子成长的重要性，纠正急躁、严苛的教育方式，多看到孩子的优点和长处，培养孩子的自信心和受挫能力，同时也要做到不溺爱、不娇惯，将关爱孩子与严格要求结合起来，培养孩子的自理能力，与学校教育保持一致。

患有抑郁症的学生，最大的问题就是难于克服心理上的障碍，因此适当的心理疏导十分重要。教师应鼓励学生积极参与班级活动，还可以给他们安排适当的岗位，既培养他们的集体意识也锻炼了他们的自理能力。

苏霍姆林斯基说：“教师要像对待荷叶上的露珠一样，小心翼翼地保护学生的心灵。晶莹透亮的露珠是美丽可爱的，却又是十分脆弱，一不小心露珠滚落，就会破碎不复存在。”教育和引导患有抑郁症的孩子是一个漫长的过程，教师要引导大家学会理解和宽容，持续关爱，提供帮助，多交流，交朋友，手拉手，心连心，建设温暖有爱的班集体。

第五章

# 班队活动

## 001

**寓教育于活动之中是学校德育工作的重要途径，如何让班级活动既有意义又有意思？**

寓教育于活动之中是班主任开展工作的基本途径。

活动是由共同目的联合起来并完成一定社会职能的动作的总和。活动由目的、动机和动作构成，具有完整的结构系统。《中共中央关于全面深化改革若干重大问题的决定》中指出："深化教育领域改革，全面贯彻党的教育方针，坚持立德树人，加强社会主义核心价值体系教育，完善中华优秀传统文化教育，形成爱学习、爱劳动、爱祖国活动的有效形式和长效机制，增强学生社会责任感、创新精神、实践能力……"

班级活动属于德育的范畴。

德育指政治思想和道德品质的教育。其基本含义在广义上指所有有目的、有计划地对学生施加政治、思想与道德等方面影响的活动，而且有科学的要求，有明确的目的，有系统的计划，有完善的机制，并通过受教育者积极的认识、体验与践行，形成良好的道德品质和行为。

追本溯源，德育可以分为三层：德知、德行和德性。德知是"认知层面"的德育，传播和接受的是"关于道德的知识"。学生拥有"德知"，便可在认识上考试中解决各种道德问题，甚至获得高分，但并不一定产生相应的道德行为。德行是"实践层面"的德育，是"道德知识"经过个体的内化形成的"道德行为"，不过这样的道德行为，有可能源自个体内心的动力，也有可能源自社会、集体的压力。德性是“本能层面”的德育，此时的道德行为皆“发乎于心，形乎于外”，是一种自觉能动的道德践行，是个体道德行为的最高境界。为人生奠基的小学阶段，要和谐推进德知、德行、德性，做到全程育人。

让班级活动既有意义又有意思，必须做到：

一是有班性，凝聚人。活动要突出班级的集体特征，彰显蓬勃的生命力。活动中既要强调班主任的主导性，又要强调学生的自主性，尤其要发挥好少先队的组织教育作用。班主任要将更多的自主权下放给学生，让学生自主自动地设计活动项目、参与活动过程，发挥主动性和创造性，真正成为活动的主人，使学生得到锻炼，促进全面发展。

二是有特色，吸引人。活动要有特色，吸引全体同学加入进来。科技活动探索科学的奥秘，美术活动受到美的熏陶，研学活动扩充学生视野，文学活动陶冶同学情操，体育活动强健同学体魄，联谊活动传播爱心温暖……“街舞社”“小精灵合唱团”“T台秀场”是歌舞爱好者追逐的对象；“星光书法社”“朗诵社团”“小小演说家社团”是“小文学家们”钟情的选择……要适合班级文化建设的实际，形成特色，凝聚魅力。

三是有意义，培养人。活动要有明确的主题，有切实可行的活动方案，有丰富多彩的内容，有明确的教育目的，能够通过活动立德树人、培根铸魂，让学生在活动中获得知识和技能，锤炼意志和品德，收获成长和进步。

四是有章法，约束人。活动要有序开展，在班主任的指导下和班（队）委会的领导下进行，日常活动应由同学们自主组织管理，班队干部由学生民主选举产生，活动有较为明确的组织分工，有规范的活动章程，充分调动学生的积极性，充分锻炼学生的自主管理能力。

五是有争章，激励人。活动要建立科学的激励机制，与“红领巾奖章”活动有机结合起来，根据不同年级、学期的不同要求设立有梯度的奖励办法，形成比较完善的争章制度，鼓励学生积极参与，踊跃争章，引导同学们在争章中感到快乐，获得收获，不断进步。

六是有成果，鼓舞人。活动在不断深化的过程中要积极主动地进行成果展示。可以充分利用班级的宣传阵地，如黑板报、专栏、网络群等，同时在家长会上进行成果展示，邀请家长参加班队会等，鼓舞大家，砥砺奋进。

七是有辅导，引导人。生动活泼的活动离不开班主任的指导。要根据活动需要配备有特长的教师或聘请志愿者给予支持和帮助。有了各方面人员特别是家长的热情参与，活动才能丰富多彩。

002

## 如何将活动主题设计得“小一点、实一点、活一点、新一点”？

教育成系统，活动成系列。

班级活动应该具有明确的主题。

主题教育活动就是指把具有一定特征的某种基本思想作为核心内容，并在系列活动实践中使其得到充分体现的思想道德教育。

“民族精神代代传”就是一项重大的主题教育活动。

民族精神博大精深，主要包括天下兴亡、匹夫有责的爱国精神（如五四精神、陈嘉庚精神）；发奋图强、艰苦卓绝的创业精神（如大庆精神、红旗渠精神）；追求真理、坚持信仰的牺牲精神（如鲁迅精神、红岩精神）；抵御外侮、不屈不挠的反抗精神（如抗倭精神、虎门精神）；一往无前、敢于胜利的进取精神（如井冈山精神、长征精神）；自力更生、自强不息的奋斗精神（如南泥湾精神、延安精神）；勇毅力行、为国争光的拼搏精神（如抗震抗洪精神、两弹一星精神）；与时俱进、开拓创新的时代精神（如中关村精神、罗阳精神）；助人为乐、公而忘私的奉献精神（如焦裕禄精神、雷锋精神）；勇于探索、敢于登攀的科学精神（如载人航天精神、极地科考精神）；尊老爱幼、感恩图报的慈孝精神（如月华精神、佩杰精神）；真实无妄、一言九鼎的诚信精神（如奥运精神、一团火精神）；遵纪守法、遵章守则的自律精神（如南京路上好八连精神、邱少云精神）；勤学笃行、厚德有为的励志精神（如海迪精神、赖宁精神）以及最近提倡的抗美援朝精神、抗疫精神等。

在传承民族精神，培育和践行社会主义核心价值观的教育活动中，班级活动在主题设计上要遵循实一点、小一点、活一点、新一点的原则，实就是联系实际，追求实效，求真务实；小就是主题要小，小中见大，便于操作；活就是生动活泼，富有情趣，引人入胜；新就是敢于创新，有中生新，角度新颖。

从全国全市来讲，号召开展的教育活动往往主题宏大，时代感强，班级在积极响应的过程中一定要善于转化，善于实化，善于儿童化，将大的主题转化为因人制宜、因地制宜、因时制宜、因班制宜的主题，避免空、泛、虚。例如“小手牵大手快乐伴我行”就适合榜样教育活动，要特别注意形式与内容和谐统一。“34+1”适合班级建设，增强集体观念。“小主人在行动”活泼生动，注重实践，适合班级开展。“我是创新小能手”从“我”切入，贴近生活，能够激发创新精神。“寻找最美逆行者”引领同学们关注身边人物，学习先锋榜样。

## 003

**每逢国庆节前，国家都要在天安门广场人民英雄纪念碑前举行隆重的祭奠仪式，班主任该如何组织相应的主题教育活动？**

坚持把树立正确的世界观、人生观、价值观作为根本任务，不断促进未成年人形成正确的思想道德观念，是我们学校“大视野，新长征，做新时代好少年”主题教育的根本目的。每年国庆节前，国家都要在天安门广场人民英雄纪念碑前举行隆重的祭奠仪式，是个宝贵的教育契机，班主任可以利用这个契机开展“从小学先锋，长大做先锋”的系列活动，对学生进行榜样教育。

班主任要精心设计活动主题，从小处切入，以实带虚，小中见大，把有意义的道理讲得有意思，把有意义的活动做得有意思。在活动形式上要灵活多样，可以开发资源，学科整合，创新载体，如语文课上诵读毛主席诗词，感受“红军不怕远征难，万水千山只等闲”的英雄气概；写字课上书写毛主席诗词，选出优秀作品在文化墙上展示，在班级微信群中分享读书体会；深入阅读校本教材《长征》，树立“世上无难事，只要肯登攀”的壮志豪情；

搜集“共和国勋章”获得者、“感动中国”人物、“北京榜样”的事迹；成立小记者团，采访在医院、科研等部门工作的先进人物；举办“我心中的英雄”主题演讲；开展“童谣致敬英雄”的诗歌创作，“乐舞传真情，画笔赞英雄”展示，让每个同学都能在潜移默化中学榜样，有动力，求进步。通过参观走访、研学探究，使同学们懂得今天的幸福生活是无数革命先烈抛头颅、洒鲜血、前赴后继、英勇牺牲换来的，要继承先烈的遗志，沿着先锋开辟的道路继往开来，砥砺奋进，成长为合格的建设者和接班人。尤其要引导学生寻找身边的榜样，明白理想都是奋斗出来的道理，学英雄，敬英雄，用英雄的精神激励自己好好学习，天天向上。

## 004

**榜样教育非常重要，如何发动同学寻找身边的榜样并开展相应的主题活动？**

在深入开展榜样教育的过程中，要注意引领学生寻找身边的榜样，用榜样的力量激励他们全面发展、健康成长。

改革开放以来，在党的领导下，全国人民与祖国同成长、与时代齐奋进，奏响了主旋律，各条战线英雄辈出、群星灿烂。特别是进入新时代以来，广大劳动群众在实现中国梦伟大进程中拼搏奋斗、争创一流、勇攀高峰，为决胜全面建成小康社会、决战脱贫攻坚发挥了主力军作用，用智慧和汗水营造了劳动光荣、知识崇高、人才宝贵、创造伟大的社会风尚，谱写了“中国梦·劳动美”的新篇章。在抗击疫情的伟大斗争中，涌现出一大批劳动模范和先进工作者，他们同全国各族人民一道，铸就了生命至上、举国同心、舍生忘死、尊重科学、命运与共的伟大抗疫精神。他们都是学生学习的榜样，人生的楷模。

学习身边的榜样，要让学生懂得伟大出自平凡，用汗水浇灌收获，以实干笃定前行的道理。要大力弘扬劳模精神、劳动精神、工匠精神，让学生懂得光荣属于劳动者，幸福属于劳动者，要勤于创造，勇于奋斗，勤奋刻苦，把“做事先做人，万事勤为先”作为自己的行为准则，处处严格要求自己，事事遵守道德规范，热心为集体服务。

学习身边的榜样，要促使学生在刻苦学习上下功夫，做到认真主动，入脑入心，知行合一，培养自己严谨、细致、求实、创新的好学风，脚踏实地，不骄不躁，切实做到“书山有路勤为径，学海无涯苦作舟”。

学习身边的榜样，要让学生为自己树立看得见、摸得着、做得到的进步目标，培养自己高度的责任感，规范自己的一言一行，严格遵守各项规章制度，尊师敬长，团结同学，谦虚谨慎，接受帮助，不断奋发向上。

榜样有大有小，有远有近，教师要善于利用榜样的力量引领学生。

学校门口“高宝来岗”的警察叔叔，无论严寒酷暑，主动维护学生上下学的秩序，保护每一位学生的安全，甚至为每一位学生开车门，护送他们安全进入校门，这就是活生生的榜样。身边的榜样最有说服力，最能打动人，最能传递正能量。班主任要通过形式多样的活动让学生去发现榜样，找到自己努力的方向。

# 005

**为了加强学生的责任感，班里设置了很多岗位，同学们开学初争先恐后地认领了岗位，可过了一段时间后热情消退，部分岗位便无人负责，遇到这种情况该如何进行教育？**

责任感是一个人必不可少的素质，也是一个成功者的必备条件。一个人若缺乏责任心、责任意识、责任感，即使有着很高的学识、很强的能力也会不堪大用。因此，教师要高度重视对学生进行责任感教育。

调查结果表明学生与同学、父母发生矛盾时能够主动承担责任的、别人有了困难主动提供帮助的、对教室、社区环境卫生愿意主动清扫的、外出时能自觉遵守交通法规的、愿意在各个岗位为集体服务的还不够普遍，反映出学生缺乏对自己、对他人、对集体、对社会的责任感。其原因在于：一是社会不良因素的影响，各种不良现象侵蚀着学生的心灵，影响着他们的行为，使其追求物质享受，进行盲目攀比，心中缺少应有的责任感。二是家庭教育缺失，家长娇宠溺爱，父母过于保护，事事代劳的现象十分普遍，学生在这种家庭氛围中成长容易养成自由散漫、娇纵任性的坏习惯，责任意识淡薄。三是学校教育的偏颇。教师工作重心偏向学习成绩，评价侧重于学生成绩的优劣，在思想、道德、价值观的教育和责任感的培养上没有给予足够的重视，缺乏行之有效的教育手段。

因此，加强责任感教育，要采取有力措施。

第一，培养学生的责任心，教师首先要有高度的责任感，只有让学生从自己身上感受到强烈的责任意识，才有可能信服教育，产生责任行为。

第二，要激发责任动机。正确的责任动机是对自己、对父母、对老师、对同学乃至对集体、对祖国有责任感。可以通过榜样教育，让学生了解责任的重要性，鼓励学生见贤思齐，激发热情，明确责任。

第三，要端正责任态度。态度决定一切，细节决定成败。可以在班级设立一些岗位，施行干部轮流制，形成班规班约，建立激励机制，培养学生做事认真负责的态度。

第四，要注重责任培养。责任感不是天生的，而是在实践活动中培养出来的。班级管理的过程就是培养学生责任感的过程。在集体中为大家树立明确的奋斗目标，知道自己应承担的责任，齐心协力，共同管理好班级，强调个人利益服从集体利益、个人行动服从集体行动，培养学生的责任心。

第五，要坚持常抓不懈。班主任在班级管理中要有规划、有计划，活动成系列，教育成系统，不但树立集体奋斗目标，而且善于在一点一滴的小事中潜移默化地培养学生的责任心，积极倡导“交给我，请放心”。

第六，要明确岗位职责。班主任要引导学生积极参与班级管理，设立岗位，明确职责，认真检查，反复督促，通过岗位锻炼，提升学生综合能力，培养勤于乐于为集体服务的责任心。

培养责任感是一个由知到行的渐进过程，不是单纯讲清道理就能奏效的，要通过形式多样、丰富多彩的实践活动潜移默化地施加影响，因人制宜，结合学生的思想、心理特点进行责任心教育。如在清明节前夕，召开“缅怀革命先烈，把握美好明天”的队会，引导队员懂得今天的美好生活是当年英烈们抛头颅、洒热血换来的，缅怀那些为解放祖国和人民浴血奋战、献出宝贵生命的革命先烈们，深入理解他们为解放祖国献出生命的高度责任感，从而引导同学们将自身命运与国家、民族的命运紧紧相连，增强他们对他人、对集体、对社会、对国家的责任意识。学生是国家未来的主人，加强他们的社会责任感，可以通过“颂祖国，赞家乡”的主题教育活动，让学生了解北京的过去、现在与未来，明白热爱祖国、改变家乡要从小事做起，要践行报国承诺就要逐步养成做事负责的良好习惯，通过“我成长，我负责”的实际行动强化责任担当。

## 006

**班委会队委会改选越来越得到学生、家长的广泛关注，如何做到公平、公正、公开？**

班主任是教育工作者，除了具备一般教师“传道”“授业”“解惑”的职业特征外，特别强调要有创新、民主、奉献精神，这是由班主任的地位、性质、任务和作用所决定的。

班主任要成为学生成长道路上的指导者，就要充分发挥学生自我教育的主动性、创造性，充分引导学生对教育过程的全面参与，在班级建设中学会自己管理自己。因此，班委会队委会的改选做到公平、公正、公开尤为重要。

民主精神是班主任道德品质和工作作风的集中体现，帮助学生从小学习民主是班主任的重要职责。班主任的民主精神是指班主任在日常工作中，能充分信任和尊重学生，让学生在集体中享有广泛和真正的民主权利，使他们在班级的组织工作和各项活动中，能自由发表意见，实现自主教育、自主管理，从小树立起民主意识和参与意识，从而使班级更加富有生气和活力。公平、公正、公开地选举班委会队委会，班主任在班级管理中才能保证各项工作顺利开展，进而赢得学生及家长的信任。

小学班队干部的特点主要是：一是年龄小，他们虽然有一定的权力与义务，但年龄小，尚属学习性、预备性的，离不开教师的精心辅导和指导。二是数量多。班队干部占比较高，班内各种岗位加起来有时占学生总数的三分之一，几乎所有的同学都有可能先后担任各类班队干部。三是流动快。班队委会每学期或学年选举一次，任期短，流动快，更新快，培养周期短。

在班队干部的选拔上要公平、公正、公开，面向全体，一视同仁，不带偏见，不设门槛，只要愿意为集体服务，都可以参加竞选，都可以获得机会。班主任要明确小干部的任职标准：一定的能力，热心的服务，进取的精神。具体就是关心集体，热心服务，乐于助人；有组织能力，遇事同大家商量；工作主动，有责任心，有创造性；以身作则，起榜样带动作用；学习认真，一贯努力。

在班队委会的选举形式上做到公平、公正、公开，严格执行选举程序，提供机会让参与选举的同学充分发表意见，认真回答大家的质询。选举必须充分发扬民主精神，要让学生酝酿和提出候选人并发表意见，提出看法，做出评价；举行隆重庄严的选举仪式，让每个同学投上自己神圣的一票。在选举过程中，班主任需对学生加以悉心引导，但绝不能粗暴干涉，将自己的意志强加给大家。

在班队干部的轮换上做到公平、公正、公开。班队干部的工作岗位是学生学习和锻炼管理、组织、思维、表达等能力及培养民主意识的阵地。为让更多的学生得到锻炼与培养，坚持轮换是很好的办法。要把学生中不断涌现的积极分子推选到小干部岗位上来，让更多的队员有锻炼与为集体服务的机会。

在班队干部的评价上做到公平、公正、公开。选拔班队干部要坚持全面考核的原则，积极开展批评与自我批评，及时表彰那些思想品质好、愿意为大家服务、工作主动有责任心、才思敏捷有创造性、严格要求自己、以身作则、学习成绩良好的同学。

在班队委会成员结构上做到公平、公正、公开。班队工作是多种多样的，活动也是丰富多彩的，所以班队委会的成员也需要由不同性格、爱好、特长的同学组成，形成合理的结构。班长队长应沉着干练有一定的组织综合能力，成为班队委会的核心；组织委员应稳重细致，有一定的独立工作和分析判断能力，能细致入微的体察干部和队员的情况；宣传委员应敏锐机智具有号召动员能力，有自己的主张和观点，最好还具有较好的法书和绘画的基础；学习委员应聪明好学，有一定的表达和辅导能力，应是学生在学习文化知识上的榜样；劳动委员踏实肯干，具有劳动组织及带动能力，心灵手巧；文体委员应活泼大方有文体方面的特长，并具备一定的组织能力。班队委会的成员还要考虑男女比例，以及在各小队的分布情况等。

## 007

**班里的同学迷上了电子游戏，游戏中的角色大多被改编了，对学生产生了误导，如李白不是诗人而是刺客，荆轲不是刺客而是女人。他们课后聚在一起讨论游戏，放学后相约一起玩游戏，导致上课注意力不集中，学习成绩下降。家长们也很着急。面对这样的情况，班主任该怎么办?**

---

互联网已成为学生学习知识、社会交往的重要载体，电子游戏更是代表着新型媒体时代的来临。游戏是儿童的天性，通过游戏不仅能获得愉悦的感觉、成功的享受，而且也是一种重要的学习方式。

但是，随着互联网技术的发展，电子游戏日益“繁荣”，许多游戏开发商由于缺乏道德观念和文化修养，一味求新求异，追求感官刺激，盲目抄袭甚至复制国外游戏，任意篡改历史，颠倒是非，将李白变成刺客，将荆轲打扮成女人，甚至充满了暴力和色情倾向，对学生产生误导，严重影响了少年儿童的身心健康。

作为班主任，有责任引导学生走出电子游戏的误区，树立积极正确的人生观和价值观。

透过现象看本质，为什么部分学生沉迷于电子游戏呢？一方面是为了满足某种心理需要，比如好奇心、自尊心、成就感等，在家庭、学校里得不到满足，他们就会花大量的时间和精力在虚拟的世界里去追求。另一方面，学生自主管理能力不强、意志力差，经不住诱惑，一旦陷入游戏之中就难以自拔。

1. 摸清心理，对症下药。对于迷恋电子游戏的学生，教师要深入了解他们的心理状况，进行有针对性的指导和帮助。班主任要认真倾听学生的心声，如果有的学生是因为学习成绩不好，缺乏成就感，于是转移注意力，在虚拟环境中寻找满足，班主任应该帮助他们寻找自己身上的闪光点，为学生指明努力的方向，让他的兴趣逐渐转移到学习中来。如果有的学生因为无聊选择游戏，班主任要指导他们合理安排作息时间，鼓励他们参加社团活动，通过读书和观看适合的影视作品等充实学生的课余生活，用多种兴趣爱好代替电子游戏。

2. 寓教于乐，科学引导。学生热衷于谈论游戏，交流体会，班主任可以组织学生进行专题讨论，通过主题班队会发动大家收集沉迷于电子游戏造成身心损害的典型案例并进行分析，对电子游戏乱象丛生的现状进行批判，可以结合课堂学习进行小课题研究，例如“历史上的荆轲刺秦王”“诗仙李白”等，引导他们树立正确的历史观、价值观，传播正能量。同时，通过发倡议、制定公约等形式形成班级舆论，优化学生的成长环境。

3. 家校合作，源头控制。改变学生对电子游戏的沉迷，离不开家长的配合和支持。实际上小学生玩游戏主要是在家里，而且依靠家长的物质支持。因此，班主任要通过多种形式向家长宣传沉迷电子游戏的危害，讲清楚危害造成的严重后果，和家长一起研究教育方法，一起制定教育措施，一起抓落实。要指导家长从源头上控制学生玩游戏的内容、方式和时间，多陪同孩子一起学习、游戏和运动，培养他们有益的兴趣爱好，增进相互之间的感情。

## 008

**进入六年级后，迫于小升初的压力，学生怕影响学习纷纷申请退出社团，该如何引导学生正确处理课业与社团的关系，做到全面发展？**

2019年，中共中央、国务院印发《关于深化教育教学改革全面提高义务教育质量的意见》，这是中共中央、国务院印发的第一个聚焦义务教育阶段教育教学改革的重要文件，是新时代我国深化教育教学改革、全面提高义务教育质量的纲领性文件。《意见》强调，坚持以习近平新时代中国特色社会主义思想为指导，全面贯彻党的教育方针，落实立德树人根本任务，树立科学的教育质量观念，坚持德育为先、全面发展、面向全体、知行合一，培养德智体美劳全面发展的社会主义建设者和接班人。科学的教育质量观念，首先要坚持“五育”并举，全面发展素质教育。突出德育实效，提升智育水平，强化体育锻炼，增强美育熏陶，加强劳动教育，促进学生全面发展。

学校生活是丰富多彩的，在进行学科内容学习的基础上，学校开设了科技、艺术、体育等多种类型的学生社团。可以说，多样化的社团活动是当今学校教育中发展素质教育，实现“五育”并举的重要载体。参与社团活动，有助于学生培养健康、积极的兴趣爱好，充分发挥自己的潜力，实现个性化成长。同时，社团不同于课堂教学，往往由许多具有共同爱好、兴趣的同学聚集在一起形成，团队成员间为了共同的目标集思广益、相互配合，易于培养学生的主体意识以及团队合作意识。社团活动往往形式多样，因此，在社团活动过程中学生不仅能获得知识，同时对学生的实践能力、社会交往能力也具有较强的促进作用。在参与社团活动的过程中，学生往往可以更充分地发挥特长，展现自我，体验成功的快乐。而这些成功的体验有助于学生养成不畏艰难、不轻言放弃、自信、乐观的人生态度，塑造完美人格。

学校开展各类社团活动往往存在中低年级学生积极参与、热情洋溢，但是进入六年级后，迫于小升初的压力，学生怕影响学习纷纷想要退出社团，那么该如何引导学生正确处理课业与社团的关系，做到全面发展呢?

教师应引导学生正确认识课业学习与社团活动之间的关系。课业是学校学习的根本，社团是课业的补充和延伸；课业是系统讲授，社团是课外活动，学生的学习应以课业学习为主，社团活动为辅，二者相互补充，相互促进，共同完善素质教育，引导学生全面发展。

当课业与社团发生冲突时，可以从以下方面进行调整。首先，根据自身兴趣爱好选择适合的社团活动。学校的社团活动涉及科技、艺术、体育等几大类别，同时细化数量往往可以达到几十个甚至上百个。面对种类繁多、内容丰富的社团活动，教师要指导学生明了自己真正的兴趣爱好，不要因为一时兴起盲目参加，这样不仅耽误时间，耗费精力，也无法实现自身能力的有效提升。其次，社团选择切忌贪多。社团活动可以丰富课余生活，但过多的社团活动则容易造成时间分配上的失衡，甚至有可能影响学习。有的同学一次选择四五个社团参与，每天看似充实，实际很难面面俱到，收获并不多。在数量上，选择一到两个社团参加最为合适，既能丰富课余生活，培养特长，又能避免顾此失彼的现象。此外，科学合理规划时间。课业学习与社团活动二者并不矛盾，合理规划时间，做时间的主人，有计划地安排课业学习与社团活动的时间分配，分清主次，避免因社团活动时间过多造成学习延误。

正确处理课业与社团之间的关系，在社团活动中开发潜能、施展才华，有助于学生在获得知识的同时锻炼实践能力，发展兴趣爱好，实现素质教育，成为德智体美劳全面发展的社会主义建设者和接班人。

## 009

**在生活中，为了减少危险的发生，家长很少让孩子使用剪刀、刀子，包办代替的情况比较多。而在美术社团活动中剪刀、刻刀是必不可少的工具，时常会出现伤手的情况。教师该如何引导学生安全使用，避免发生意外？**

随着教育改革的不断深化，学生在校的学习生活更加丰富多彩，各种社团活动开展得有声有色。开展社团活动最重要的是保障学生的人身安全。

由于美术教育的特质，在美术社团活动中经常会使用剪刀、刻刀等工具，需要对学生进行细致的使用指导，反复强调使用规则，进行安全教育，培养学生的安全意识。但在日常生活中，由于一些家长的过度保护，使得学生在家里很少接触较为锐利的物品，如：剪刀、菜刀等，因而缺少适应这类工具的技能和技巧，没有实践经验，这就要求老师更要加强安全教育。

根据儿童心理发展特点，低年级孩子无意注意占优势，连续注意稳定性在 5~15 分钟，因此更适合直观和情境式教学，中高年级孩子有意注意占优势，连续注意稳定性在 15~20 分钟以上。由此可见，安全使用剪刀、刻刀的时间不要太长，中间可以休息一会儿再继续创作。

在社团活动中有以下几种方法能够有效避免意外事故的发生。

1. 手把手地直观教学。教师要完整地示范使用工具的全过程，尤其是使用的基本技能、操作程序和步骤，反复演练，认真检验，操作合格才能进入实际创作。

根据儿童生长发育规律，年龄小的学生手、眼配合还不完善，所以低年级儿童在活动中用剪刀不要完成过于复杂和精细的作品。到了中高年级，学生手指逐渐灵活协调，也要把握难易程度，由易到难，做到熟能生巧。

2. 避免危险动作。在活动中，要警示学生提前避免容易发生危险的举动，这是非常重要的自我保护。要严格规定剪刀等工具只可以用来学习，不能用来做其他用途，严禁用于开玩笑或者打打闹闹。

3. 学具摆放、拿取有序。在社团活动时要培养学生安全的保管意识和习惯，如：摆放剪刀时要按一个方向摆放，不随意拿剪刀，传递剪刀时要将剪刀的把手一侧递给同学。

“工欲善其事，必先利其器。”剪刀、刻刀这些工具虽然有一定的危险性，但却是学习创作中不可缺少的工具，只要使用方法得当，就可以充分发挥其作用。铃声停，教室静。用剪刀，要注意。有序放，不乱挥。递剪刀，把对外。初次用，看老师。一手剪一手捏纸，双手距离要注意。眼睛随着剪刀走，时刻盯紧不放松。不剪课堂无关物，雕刻手套要配齐。安全意识心中记，剪刀刻刀出创意。

## 010

**现在实行垃圾分类，可很多同学对此认识不清，行动不力，该如何通过主题活动进行教育？**

建设社会主义生态文明是我们国家建设与发展的基本国策，意义深远，非常重要。

生态文明，就是尊重自然、顺应自然、保护自然。尊重自然，就是要对自然怀有敬畏之心；顺应自然，就是要按照自然规律办事；保护自然，就是要保护自然界的生态系统，最重要的就是形成节约资源和保护环境的生活方式。少年儿童是祖国未来的建设者和人类文明的传承者，生活方式的培养必须从少年儿童抓起。

垃圾分类，一般是指按一定规定或标准将垃圾分类储存、分类投放和分类搬运，从而转变成公共资源的一系列活动的总称。分类的目的是提高垃圾的资源价值和经济价值，力争物尽其用。进行垃圾分类可以减少垃圾处理量和处理设备，降低处理成本，减少土地资源的消耗，具有社会、经济、生态等多方面的效益。

随着经济不断发展，国家越来越重视对自然环境的保护，因此垃圾分类显得尤为重要。垃圾分类看似容易，其实并不简单，要长期坚持才能最终形成习惯，而习惯的养成与文明素养有关。教会学生正确的垃圾分类方法是现阶段小学素质教育的重要任务，将垃圾分类投放养成习惯的教育刻不容缓。

学校是生态文明教育的重要阵地。在生态文明教育不断深化的过程中，教师要加强垃圾分类的知识普及，审时度势，因势利导，组织开展垃圾分类文明生活的主题教育活动，按照国家提出的建设生态文明的总体要求，针对目前普遍面临的问题，以节能环保、和谐发展为中心，以科学知识普及为基础，丰富多彩，生动活泼，引领同学们将研学探究与习惯养成结合起来，从而达到文明传承、立德树人的根本目的，既使学生感受到生态文明建设的紧迫性、必要性，又鼓舞他们树立人与自然和谐相处的科学信念和践行意识。

教师要在生态文明教育的深化、细化、实化和童化上下功夫，目的是让社会主义核心价值体系真正渗透进少年儿童心田，主题突出，特色鲜明，内容翔实，形式多样，从而推动教育成系统，活动成系列，实现生态文明教育的不断深化和优化。要引导学生从自己做起，从身边做起，使学生懂得我们每个人都是垃圾的制造者，又是垃圾的受害者，更应该是垃圾公害的治理者，要通过勤俭节约、垃圾分类来战胜垃圾公害。教师要拓宽思路，创新载体，把传授知识同陶冶情操、综合实践结合起来，坚持主题教育与养成教育相结合，通过丰富多彩的活动引领同学们热爱自然，快乐生活，学以致用，认真探究，树立环保第一、从我做起的文明意识，增强节约能源、保护生态的责任意识，形成志存高远、振兴中华的报国意识，为建设美丽中国，实现伟大梦想做好准备。

垃圾分类的活动多种多样，班主任要有针对性地依据学生年龄特点设计主题活动，形成序列化的实践活动。要做好宣传动员，充分利用演讲、摄影、书法、征文、绘画等方式，不定期带领学生开展垃圾分类的实践活动，让学生在实际活动中了解到垃圾分类的重要性，鼓励学生主动为垃圾分类实践活动献计献策。可以举办“垃圾分类”主题班队会，将垃圾分类的知识和技能传授给学生。班队会的内容要符合学生的年龄特点，形式丰富多样，能够激发学生的学习兴趣，培养学生的垃圾分类意识，提高其垃圾分类的行动力和持久性。班主任还可以发动大家开展“垃圾分类”的小课题研究，提出自己感兴趣的问题，并分解出符合学习兴趣、有探究价值的子课题。学生在教师的帮助下自行策划活动方案，合理进行小组分工，进行研学探究，形成小小科研成果并进行交流，还可以组建小组，自编、自导、自演“垃圾分类”的相关节目。通过丰富多彩的活动，学生将垃圾分类、环境保护内化于心，外化于行。

## O11

**学校进行班级足球联赛，一直是冠军的某班输了，同学们难以接受，情绪激动，甚至有的同学说裁判不公平，应该去找校长评理，面对这种情况班主任该怎样做?**

班级长期以来一直都是学校足球联赛的冠军，大家都引以为豪，没想到竟然输了，感情上难以接受，发牢骚，讲怪话，甚至找出种种理由为失败开脱，这是不能正确对待输赢的问题，实质是不能正视挫折，没有树立正确的荣辱观。

教师要抓住教育契机，实施正面教育，给全班同学以信心、力量、勇气和智慧，通过分析、讨论等形式，认真查找原因，总结教训，以利再战。

古人云：“不如人意常八九，如人之意一二分。”在学习和生活中遇到困难、挫折是很正常的事情。只要是比赛就要有输赢，竞技体育更是如此。教师要因势利导，给同学们讲一讲什么是竞技体育，讲一讲体育比赛的真正含义，讲一讲奥林匹克“更快、更高、更强”的体育精神，讲一讲中国女排和乒乓球运动员如何永不言败、越战越强的感人事迹，帮助学生正确看待荣誉和失败，勇敢面对现实，科学分析失败的原因，及时调整情绪，形成积极的充满正能量的集体氛围，鼓励大家意志坚定，豁达开朗，任何时候都要胜不骄，败不馁。要让学生懂得在漫长的人生道路上，会遇到许多大大小小的“比赛”，只有正确面对输赢，才会赢得精彩人生。

第六章

# 集体建设

## 001

**怎样对一年级新生进行“学校就是我的家，学校爱我我爱他”的教育，培养学生对学校的认同感和归属感？**

让一年级的小学生从进入校园起就爱上自己的学校，把校园当作自己的另一个家，充满归属感，是班主任重要的工作职责。

归属感是指学生在学校中得到老师和同学们的接受、尊重和支持的感觉，继而在思想上、感情上和心理上对集体产生认同和情感投入，这也是衡量学生在校生活质量和幸福指数的重要标准。归属感教育不仅能潜移默化地培养小学生对学校的认同，还能培养小学生的集体观念、团队意识，这对他们一生都具有重要意义。

小学新生一入学就标志着学生阶段的开始，首先要让学生逐步适应学校生活环境。一年级新生对学校的一切都感到既陌生又新奇，教师应先带领他们熟悉学校，把学校的光荣传统以及往届优秀学生的事迹介绍给他们，以培养学生对学校的热爱和对学校生活的向往。其次是让学生了解学校各项设施及功用。可以边看边讲，哪里是教室，哪里是办公室，特别要告诉学生厕所的位置。再次是告诉学生并通过学生传达给家长学校的作息时间，还要教会学生使用课程表。此外，要让每个同学在班集体中做一下自我介绍，使学生逐步熟悉班级这个“大家庭”。

班主任要采用灵活形式，加深学生对《小学生守则》的理解，进行良好行为习惯的养成教育，做到：一是铃响进课堂，做好上课准备，桌面文具摆放应作统一要求，做到整齐、美观、使用方便；上课后，师生相互行礼问好；课间让学生做好下一节课的一切准备。二是“两要两不”即要遵守课堂纪律，不要随意下位、说话、吃东西；要积极动脑，争先发言，不要思想“开小差”；要特别注意纠正个别学生在学前班养成的吃零食、做小动作等不良习惯。三是三种“姿势”，包括听讲姿势要求：头要正；胸要挺，腰要直，腿要平，看前方，认真听，做个爱听讲的好学生；读书姿势要求：两手拿书立桌上，坐得端正看得清，眼离课本一尺远，读得正确又响亮；写字姿势要求：五指用力各有用，书本身体都要正，一尺一寸一拳头，正确端正又干净。把课堂常规要求编成易记易学的歌谣，让同学们熟练地背诵，还可以结合实际进行讲解。四是四个“自理”，自己能进行生活服务，包括洗脸、穿衣、刷牙、洗刷碗筷等；自己能完成家庭作业，不要边做边玩；自己能做值日，按照一定的顺序、分工，不怕脏，不怕累；自己能进行个人卫生和简单家务劳动，做到“五勤”即定期勤洗澡、勤理发、勤剪指甲、勤换衣服、勤洗手帕等。五是五种“用语”，当希望别人做某件事时要说：“请”；早晨上学见到老师、同学或熟人主动问候“您好”；别人帮助了你，要说“谢谢”；不小心伤害了别人要说“对不起”，别人向你道歉时要说“没关系”；上(放)学时对家长、老师以及告别客人时都要说“再见”。六是六项“注意”，注意维护公共秩序，保持公共卫生，不在公共场合追逐吵闹，不随地吐痰，不乱扔垃圾；注意交通安全，上、放学要走右边人行道，过马路要走人行横道，等车的同学要按顺序上车，坐车时不要把头伸出车窗外；注意遵守学校规章制度，不迟到，不早退，不旷课；注意爱护公共财物及花草树木，不在课桌板凳和墙壁上乱写乱画；

注意良好品质的养成，团结同学，助人为乐，不说谎话，拾到东西交公，不拿别人的东西；注意坚持锻炼身体，全面发展。

教师要努力给学生建立安全、整洁、有归属感的生活和学习环境，营造良好的学习氛围，发动同学和家长自己动手设计班徽，征集班级口号、班规、班训，发挥小主人作用，建立友好积极的同伴关系，学会互相包容。要构建和谐的师生关系，关心学生的需求，适时提供帮助，进行心理疏导，教师还要通过家长会、家委会等形式，让家长参与到学校的管理中来。总之，班主任要让每个学生都有归属感，做到“学校就是我的家，学校爱我我爱他”。

002

**如何结合班级实际情况创建具有鲜明特色的班级文化?**

班级文化建设体现在班级管理的风格、特色与氛围上，决定着班级管理工作对学生个性发展的引导与塑造。因此新时代背景下的班级管理，应当注重强化班级特色文化的建设，通过有效的班级管理形成独具特色的班级文化和氛围，实现教书育人的目的。

1. 树立积极向上的班级核心价值观。文化是人的思维方式和行为方式的总和，文化的核心是价值观。因此创建班级文化的前提是教师要思考清楚以下几个问题：要培养什么样的人？学生在班级中的学习、生活状态是怎样的？指引班级管理运作的核心价值理念是什么？也就是说打造符合学生特点、积极、正确的班级价值观是根本，因为它会引领班级建设的方方面面。

班级核心价值观主要是指班级成员共同认同的一种价值标准等，其在班级文化建设中发挥着至关重要的作用，对班级成员行为产生深远的影响，会通过精神风貌以及行为方式等进行展现。班级核心价值观在一定程度上讲是一种主体性的价值取向。在班级中核心价值观是灵魂，同时也是社会主义价值体系的具体体现。

2. 明确班级文化的重要组成部分。在班级核心价值理念的引领下，班主任还要清晰地了解班级文化的组成部分。班级文化主要包括：物质层面、制度层面、精神层面的文化。具体可分为：标识文化、空间文化、组织文化、制度文化、班级活动、师生关系等方面的内容。物质层面包括班名、班训、班歌、班徽、班旗、班刊、班级板报及环境布置等。班主任要调动全体学生参与，广泛征求大家意见，使班名、班训、班徽等成为师生集体智慧的体现。班主任也可以借助班会、招标等方式来征集意见。此外，班名、班徽等设计要符合学生的身心特点。小学阶段班名一般可以借助动植物或日常事务等的形象名称来命名，还要不断挖掘物质层面文化的内涵，只有这样，对学生的影响才会持久。制度层面如一日常规、课堂常规以及各种奖惩制度等。班主任要根据学段特点建立班委组织机构，发挥组织的育人价值。还可以设置多个岗位，使每一位有意愿的学生均能获得锻炼机会。班级制度符合学生身心发展特点，贴近班级实际，发挥育人价值，促进学生自主管理。有适当的奖惩机制，班主任对学生的评价及时、恰当、具体、中肯。精神层面如：班级发展目标、班级风气、班集体的凝聚力和心理氛围、师生以及学生之间的人际关系、学生群体的价值取向、意志品质、思维方式与思维能力等。班主任要围绕立德树人的根本要求，打造符合学生特点的、积极正确的班级价值观。此外，学生、教师和家长要知道、理解班级精神内涵。

班级活动是班主任进行班级建设的重要载体。班级文化是在一个个活动中形成的。活动是提高学生凝聚力的重要载体，是学生开阔视野的重要途径，活动也是学生最喜欢的学习方式之一。活动设计既要基于实际，也要着眼于学生的长远发展，活动形式要灵活。如果是按照一学年设计活动，那么活动应该具有层次性，随着时间的推移，活动主题不断深化，到学年末时，对活动有深入的总结和梳理。

3. 创建具有鲜明特色的班级文化。首先，教师要明确“育人为本”的管理理念，鼓励学生积极参与班级文化建设。特色班级文化建设必须以学生为主体，以学生的个性发展和优势特长为出发点，充分调动学生在特色班级文化建设中的主观能动性。其次，教师要善于营造和谐的班级氛围，促进特色班级文化建设。特色鲜明的班级文化建设应当以和谐的班级氛围为基础，这样才能充分激发学生参与班级文化建设和各项活动的主观能动性，促进学生的个性发展。因此班主任要深入学生当中，了解学生对班级管理和班级文化活动的需求，不断引导学生关注班级特色文化建设，强化学生的个性发展。

班主任要开展丰富的特色班级活动。富有特色的班级活动既能增加班级活动的意义，又能培养学生的能力，提高学生对班级管理的责任意识。

班主任要重视开展家校共育。家校之间有效的沟通，对于提升班级文化建设的效果，达成一致的教育目标和理念，帮助学生健康成长起着至关重要的作用。

总而言之，特色鲜明的班级文化建设需要秉持以学生为本的原则，充分发挥学生的主观能动性，借助家校共育的力量，有针对性地开展教育，促进学生的全面发展。

## 003

**学生社团种类繁多，活动丰富多彩，成员来自不同年级和班级，如何在社团内强化集体建设？**

美国著名的管理学教授斯蒂芬·罗宾斯认为，团队是为了实现某一目标而由相互协作的个体所组成的正式群体。也就是说，团队是由一些具有共同信念的人为达到共同目的而组织起来的，各成员通过沟通与交流保持目标、方法、手段的高度一致，从而能够充分发挥各成员的主观能动性，运用集体智慧将整个团队的力量集中于某一方向，形成比原组织具有更强战斗力的群体。学生社团是学生根据兴趣爱好自愿参加的团队，具有开放性、灵活性、自主性等多种特点，以学生共同的爱好和兴趣为前提组成。

教师首先要引导大家“建”立制度，“设”立目标。学生社团作为一个小集体，需要各成员之间相互配合才能发挥出集体的力量。在学生社团的日常活动中，首先要制定出合理的、适合团队发展特色的规章制度，有了基本的要求和准则，团队活动才能够顺利实施，团队发展才能够有序进行。社团由每一名成员组成，这些成员来自不同年级和班级，每个人都有自己的特点，包括年龄特点、性别特征、个性差异等。在组建团队的过程中，教师要整合每个人的想法，树立起同一个目标，并且向着这个目标前进，有了明确的目标，每一位团队成员才会知道自己应该向哪个方向用力。

教师要促使学生“建”立信任，“设”立规则。学生社团成员众多，而负责教师较少，要对社团进行及时全面的管理，就要培养团队成员的主人翁意识，学会自己管理自己，学会自我约束和相互监督，遵规守纪，共同维护社团形象和声誉。例如，在学生团队演出比赛过程中，服装、化妆、车辆、出发、备场、返程等一系列事务要支持小干部对团队成员进行管理，彼此之间增进信任，坦诚相对，相互帮助，建立信任。

教师要激发学生“建”立习惯，“设”立规划。社团的排练需要占据学生的课后时间，而参加社团后比赛演出的机会又很多，教师要教会学生规划时间，抓紧学习，提高效率。在一些演出活动中，尽管场地条件有限，但教师也应鼓励大家争分夺秒地学习读书，完成作业。

教师要培养学生“建”立兴趣，“设”立活动。在现代社会对人才综合素质需求的驱使下，丰富多彩的社团活动格外重要。教师在活动过程中要不断地对学生进行兴趣培养和技能指点，启发学生情感，鼓励学生探究。

学生社团作为学生综合素质培养的重要载体，是课堂教学的延伸和补充，在繁荣校园文化、推进和谐校园、文明校园建设中发挥着不可替代的作用。教师要善加利用，让社团为立德树人、培根铸魂服务，丰富学生课余生活，培养学生兴趣爱好，发展学生个性特长，促进学生全面发展。

## 004

**学生自建微信群，全班多数同学都加入了，一些学生热衷于每天刷手机，聊游戏，甚至互怼吐嘈，有的还在群中发泄对教师的不满，甚至辱骂教师，对于这种现象教师该怎样对待?**

微信群作为网络信息交流的一种形态，已成为人们工作、生活必不可少的交际载体。同样，微信群聊也是现今学生重要的社交方式，学生通过微信群相互联系，主动交流，讨论问题，抒发情感，甚至协调行动，其作用不容小觑。学生在群中获得自由表达的话语权，满足了渴望被关注的心理需求，不再是现实生活中那“沉默的一部分”。借助微信群的交流平台，学生猎取新知识，追求创新，表达诉求，有利于知识的储备、思维的形成和心理的健康发展，但同时引导不好，也会产生错误的言行、不良的情绪，从而导致负面的群体效应，对学生的成长产生不良影响。

如何做好学生微信群的引导和监管呢?

首先，要建立积极向上的班集体，形成健康向上的舆论导向。马卡连柯说过：“真正的集体，并不是单单聚集起来的一群人……而是在自己面前具有一定共同目标的那种集体。”集体既是教育的目的，又是教育的手段。班主任要根据学生特点、班级特点，引领同学们确立班集体的奋斗目标，并将其具化为各个行动目标，调动和激发每一个学生的集体荣誉感，促使学生更多地关注目标的达成，向善向上，从而将其精力引导到正能量的传播上来。

班主任要注意培养班集体的核心力量。一个好的班集体，必须有一支优秀的小干部队伍，这是一个班集体能否形成良好班风的决定性因素，也是引领微信群的关键所在。班主任要选拔和培养作风正派、关心集体、团结同学、刻苦学习的学生作为班干部，充分发挥其管理班级的核心作用，让他们成为同学们群体行动的骨干，成为学生和班主任之间沟通的桥梁，通过他们团结带领全班同学形成正确的舆论和良好的班风，带动班集体不断前进。在微信群中，班干部和积极分子可以运用各自的影响力，成为群聊话题的发起者，舆论情绪的矫正者，引导大家端正态度，实事求是。

班主任要培养健康向上的集体舆论，弘扬正气，引导学生明辨是非，纠正落后倾向，将国家法律法规、学校规章制度以及传统道德标准有效传播开来，提高学生对客观事物的认识水平和评价能力，养成良好的行为习惯。要结合各种活动及时开展讨论，表扬先进，批评错误，为正确舆论的树立创设良好氛围；要树立典型，加大宣传，扩大影响，利用学生的从众心理发挥舆论的调节作用，在微信群中聚合正能量，发挥感染力和号召力。

班主任要加强家校沟通，凝聚教育合力。学校教育不是孤立的。教育家苏霍姆林斯基曾形象地把家庭和学校比作两个“教育者”，认为这两者不仅要一致行动，向儿童提出同样的要求，而且要志同道合，抱着一致的信念。家长积极参与教育，对学生的健康成长会起到积极促进的作用。而且，学生使用手机微信主要是在家中，对于微信群聊，家庭的教育监管尤为重要，更应该加强家校沟通，对学生出现的问题进行共商共育。随着学生年龄的增长，光靠简单的禁止治标不治本。要指导家长通过案例帮助孩子正确地认识网络，了解网络带来的利与弊，促使孩子在思想上建立起防线，把更多的时间和精力投入到学习中去。家庭是成长的摇篮，家长要率先垂范，营造和谐、平等、温馨的家庭氛围，建立良好的亲子关系，和孩子进行有效的沟通，让孩子能够时刻感受到家长和老师教育的一致性，正确使用网络社交平台。

信息时代网络成为人们生活中的重要组成部分，我们应该从满足学生的正当需要入手，像大禹治水一样以疏导为主，加强管理，加强指导，制订上网规则，监督上网情况，发现问题及时纠正，让现代信息交流手段为学生的健康成长服务。

## 005

**班里要出板报，班干部动员同学参与，有些同学说选班干部就是给班里干活的，不愿意配合，这种情况该怎么办？**

“板报该谁出”是一个普遍存在的问题，涉及班里的干群关系，本质上是价值观的引领问题。

有些同学说班干部就是给班里干活的，不愿意配合，这种情况说明这些同学缺乏集体意识，缺乏班级向心力，“事不关己高高挂起”。但也有可能是对班干部有看法，有情绪，借此机会发泄不满。

班主任要通过耐心细致的思想工作，查清原因，对症下药，从两个方面进行引导：一是教育学生正确对待集体事务，正确对待班干部；二是教育班干部以身作则，率先垂范，同时教会他们密切联系群众，讲究工作方法，调动大家的积极性。

班干部是班级建设的骨干力量，他们不仅仅是老师的得力助手，更是同学们行动时的“带头羊”。班主任要引导同学们端正对班干部的态度，班干部是民主选举产生的，只要是他们出于集体利益做出的决定，发起的行动，大家就应该给予热情的支持和帮助。班集体是大家的，班集体的事情也要大家来做。每一个同学对于班集体的事情都有义务都有责任，只有大家都来为集体服务，集体才会变得和谐温暖，天天向上。

班主任要抓好班干部队伍的思想建设和作风建设。如果班干部只是围着老师转，为老师服务，就会让部分学生产生对立情绪，由嫉妒转为反感，甚至处处与之唱反调，泼冷水，影响班级凝聚力。班主任要让班干部明白讲话没人听，说明自己在同学中威信不高。怎样才能树立起干部的威信呢？当然不是大声地训斥别人，也不是向老师打“小报告”，更不是高高在上，指手画脚，要做到带头、公正、真诚、宽容。一是做同学榜样，事事走在大家的前头，要求别人做到的，自己首先做到；要求别人不做的，自己坚决不做；有了困难前面走，有了荣誉不伸手。同学们看在眼里，记在心上，久而久之，心服口服。二是做事情公正。作为班干部，公正地处理问题，公平地对待每一位同学，不持有偏见；处理矛盾、处理问题不应该偏袒和自己关系好的一方，不能带着私人感情来处理问题；自己做错了事情不能有“特权”思想，不能蒙混过关，要实事求是，做到“真理面前，人人平等”，自觉接受队员们的监督与批评。三是待人真诚。班干部是为集体服务的，服务的目的是为了帮助同学解决困难，而不是为了个人受到老师的“表扬”、受到同学的“称赞”。既然是为了给别人提供帮助，那当然就会诚心诚意地做事情。诚心诚意表现在做实事，有真情的付出，同学们就会被真情感动。四是对同学宽容。同学中有的进步快，有的进步慢，无论进步快的还是进步慢的，都是我们的伙伴、朋友。每个人都有优点，都有闪光的一面。因此，班干部对同学要多看优点，多看长处，多鼓励，多帮助。即使有的同学出现了错误，也要心平气和地和他们沟通。但是，宽容并不是不讲原则，失去原则就是“老好人”，也是不负责任的表现。总之，班干部的威信不是靠老师树起来的，也不是靠班干部的牌子树起来的，更不是靠压服别人树立起来的，威信是在长期为同学们服务中树立起来的。

## 006

**班长工作认真负责，同学违反纪律时会不留情面地出面去管，导致她和同学的关系很紧张。同学说她太凶，甚至出现几位同学共同用语言反击她的情况。大家纷纷喊着要换班长。她自己很委屈。班主任该怎么面对这种情况？**

面对这种情况，班主任要做好两个方面的工作，一方面教育班干部注意工作方法，端正工作态度，积极开展批评与自我批评；另一方面对同学们进行教育引导，正确看待班干部履职尽责中出现的问题，热情支持班干部大胆工作，善意帮助班干部改进工作方法。

班干部要得到同学们的信任与支持，首先要时时处处以身作则，在工作中发扬民主、平等待人、热情为集体服务、认真履行职责的同时要讲究行为方式、工作方法。很多班干部满腔热情地工作，见到违纪的情况就去管，特别认真而且异常严厉，结果往往事与愿违，同学不接受，反倒惹来一堆意见。同学不服管，自己不服气，造成关系紧张，导致集体负面情绪增长。班主任对待这种情况一定要高度重视，认真解决。

班主任要与班干部认真谈心，深入细致地做好思想工作，同时对班委会的小干部进行集体培训，传授正确的工作方法，及时纠正班干部中那种认为“同学们既然选我当班干部，就都应该听我的，就要按我的意见办”“要想管得住同学，就得态度严厉一些，让同学怕才行”的错误观念。要引导班干部尊重同学、团结同学，正确对待和处理同学中出现的问题。同时，也要防止班干部觉得很委屈，自己工作认真，比其他同学付出的多，可不但没有得到肯定，还受到埋怨，产生费力不讨好的消极情绪。班主任要引导班干部认识到由于做的工作多，受到的表扬多，受到的批评也多。对的要坚持，错的要改正；原则要坚持，方法要讲究；工作要认真，态度要和蔼。面对同学的批评甚至误解，要调整自己的心态，既不能对同学的批评不屑一顾，把同学的意见当作耳旁风，你说你的，我做我的；也不能感情用事，甩手不干，要变得谦虚和坚强起来，有则改之，无则加勉。

老师不在的时候，常常把维持班里纪律的工作交给班干部，这也是班干部们最难做的一项工作。可以在班里成立纪律监督组，由几个平时不遵守纪律的同学组成，老师不在时由他们负责维持纪律。有责任在身，他们就会进行自我约束；而且当他们体会到班干部管理班级的辛苦，也会自觉地支持班班干部的工作了。还可以设立纪律监督岗，由一些调皮的同学和班干部共同担任，相互促进。可以进行小队纪律比赛。每天进行评比，没有违反纪律现象的小队给予奖励，一个星期总结一次，连续获得表扬的小队可以被命名为红旗小队。还可以开展纪律方面比进步的活动。如“看看谁的进步大”，这是专门针对平时纪律差的同学的，每天对纪律方面有进步和进步大的同学提出表扬，给予鼓励，同时由班委会向家长汇报同学的进步情况。还可以通过班队会让遵规守纪的同学介绍自己的经验和体会，倡导大家向他学习。除此之外，班主任还可以创造机会，让每个人都尝试做一次班长，进行体验式管理，设置“一日班长”岗位，由同学轮流担任，让大家都来了解班干部的职责，理解班干部的责任，从而对班干部产生理解，主动尊重和配合班干部的工作。

班集体由学生凝聚而成，大家在共同的环境中学习、生活，免不了产生摩擦和矛盾，班主任要及时发现，耐心引导，正确解决，带领学生将班集体建设得更好。

## 007

**小华性格偏执，因身体原因，行动比其他同学略微迟缓一些。开展社会实践活动时，谁也不愿意和他一组，有的同学甚至提议不让他参加活动。小华听到同学们的议论，号啕大哭。班主任该如何处理这个问题？**

班级里总会有小华那样的同学，他们或者性格偏执，或者身有残疾，往往在集体活动中行动迟缓，被同学们看不起，甚至远离。作为班主任，遇到这种情况，要坚持不忘初心，育人为本，充分运用自己的教育智慧，寻根溯源，坚持不懈，加强集体教育，营造和谐氛围，要使大家懂得校园充满了美好的憧憬，满载着不懈的追求。在学校里，那么多的小伙伴在一起学习，组成了班级，就像一个温暖的“家”，一个好大好大的“家”。在这个大“家”里，大家互相关心、互相爱护，手紧握在一起，人人讲团结，彼此心连心，不让一个小伙伴掉队。

立德树人是教育的根本任务，面对学生价值观取向扭曲的现象，班主任要及时引导，争取教育主动，引导学生树立正确的价值观。价值观是一种尺度，它支配着人的行为、态度、观察、信念、理解等，决定着人的行为取向，因而对于人的生活具有根本性的导引意义。在同样的客观条件下，具有不同价值观的人，产生的行为也不同。人们的价值观一旦形成，便具有相对稳定性和持久性。小学是少年儿童价值观形成的重要阶段，班里出现这一现象，班主任绝不能掉以轻心，要关注学生外在行为和内心世界的细微变化，采取恰当的方式，引导教育学生，帮助学生形成良好的价值取向。

班主任要将公平教育的思想融入具体的教育工作中，让每一个学生懂得，不同条件的同学应该在同一片蓝天下享受公平教育。

在实际工作中，班主任可以使用以下方法对学生进行教育：查一查，发动大家关注小华到底有什么困难，需要什么帮助？加一加，通过主题活动让同学们行动起来，手拉手，献爱心，送温暖，通过集体合作取得 1+1>2 的效果。导一导，引导班委会作为骨干，发动大家想办法，出点子帮助小华走出心里阴影，用友爱和包容改变小华的处境。扩一扩，抓住小华的点滴进步，及时表扬；抓住帮助小华的点滴小事，及时表彰，逐步深化教育效果。改一改，在实践活动中纠正大家对小华的偏见，也帮助小华建立自信心。联一联，团结才有力量，合作才能双赢，成功需要合作，教育需要合力，发展需要和谐。引一引，班主任站在前头引导远比站在后头督导更受学生欢迎，更能使教育事半功倍。定一定，对小华的帮扶要形成机制，坚持不懈，久久为功。

## 008

**在准备参加班级合唱比赛的过程中，小明非常认真，但音阶唱不准，总是跑调。同学们议论纷纷，有的出主意说比赛当天让小明请病假。教师该怎么对待?**

在开展班级活动的过程中难免会出现这样或是那样的问题，这是非常正常的。教育无小事，事事皆教育。作为班主任在日常工作中要善于观察学生的言行，发现问题抓住契机及时处理，在班风建设中形成正确的导向，促进集体与个人得到成长，取得进步。

苏联教育家马卡连柯提出了“平行教育理论”，意思是通过教育集体影响个人，通过教育个人形成集体。“平行教育原则”要求班主任在教育中要处理好集体与个人的关系，坚持两者教育相结合，以点带面，以面促点，相互影响。

作为班主任，首先要耐心倾听同学们的意见，不能简单地进行批评。无论是什么比赛对于一个集体或个人来讲都很重要。每个学生都有参与感、求胜心，比赛虽然有输有赢，但没有人愿意输。因此，班主任要理解部分同学担心小明因唱歌跑调影响集体荣誉的心情。从某种意义上来说，这恰恰说明同学们把班级荣誉看得很重，这是班级有凝聚力的表现。

班主任可以先召集班委会实事求是地摆出问题，发挥班干部的能动性，听取他们对这一问题的看法，耐心引导他们既要以班级荣誉为重，又要体察小明的感受，所以，尽管有些同学的出发点是好的，但不让小明参加是不对的。

至于小明由于先天因素，唱歌跑调，可以采取一些策略加以避免，如请他担任朗诵或者一些其他工作。班委会成员统一思想，带头在班级中行动，就会形成正确的舆论导向，营造和谐氛围，消除小明的心理压力。班主任要借此机会召开班会，发动大家想一想如果是自己遇到同样的境遇会有什么样的想法和感受，引导大家换位思考，从而懂得在集体中每个人之间是存在差异的，不能仅仅为了获得比赛的好名次，而忽视小明的自尊心、自信心，将他排斥在外。“己所不欲，勿施于人。”班主任在此基础上发动大家群策群力，发挥同学们的聪明才智，想出更好的办法积极面对、解决问题。

## 009

**课堂上大家争先恐后抢着背诵古诗，一个有着口吃毛病的同学小月也积极举手，但是因为紧张结巴得很厉害，引得同学们哄堂大笑，而且议论纷纷，埋怨这个同学不该强出头。小月的家长得知这件事后很气愤，认为班风很不好，伤害了小月的自尊心。作为班主任，你该如何对待这种情况？**

小月同学有口吃的毛病，她上课积极举手抢着回答问题没有错，但一紧张就结巴得很厉害，引起哄堂大笑，说明班风确实存在问题。依据心理学家卡特·勒温的团体动力学理论，这个班集体在心理环境上给成员的安全感不足。如果不善加引导，小月很可能为此而自卑，同学们也会因此沾染上嘲笑别人的恶习，班主任绝不能置之不理。

家长得知了这件事，而且心生怨言，说明这位班主任没有足够的重视，没有在问题发生的第一时间及时处理，更没有及时与家长沟通，取得联系，从而在教育上处于被动局面，应该很好的反思。

一个集体就好比一个人的拳头，只有紧紧地握在一起，才能显示出集体的力量。怎样才能把来自不同家庭具有不同个性的学生凝聚在一起呢？

班主任要在班级文化建设中将集体建设放在首位，反复向同学们强调集体就是我们的家，组织大家讨论希望我们有一个怎样的家，继而引导大家在如何建设温馨、和谐的家上做文章，想主意，做贡献。要发动班干部带领同学们针对身体有明显缺陷和困难的同学送温暖，献爱心，让班集体充满正能量。

当然，集体意识的形成不是一蹴而就的，需要在平时抓住契机，因势利导。而集体活动就像是黏合剂，是形成班级凝聚力的重要载体，班主任要力争通过每一次的集体活动把学生紧紧地团结在一起。例如号召大家为小月同学主动发言鼓掌加油，鼓励大家把小月的进步放在心上，帮助她尽全力拼搏。同时，班主任要与小月经常交流，促膝谈心，给她力量和信心，鼓励她全身心投入到学习中去。

班主任要将团结友爱、和谐向上的教育常态化、系列化，让社会主义核心价值观的种子在学生心中生根、发芽，为全体学生搭建展示和锻炼的平台，努力形成帮助他人、快乐自己的良好风气，让学生在活动中得到锻炼，增强合作意识，感受集体力量，形成凝聚力。

与此同时，要积极争取家长的支持、理解与配合，与家长在思想上达成共识，在行动上做到配合，团结一致立德树人。

班级凝聚力的培养是一项长期的、系统的、动态的过程，在这个过程中，教师、学生、家长，三者缺一不可，只要拧成一股绳，心往一处想，劲儿往一处使，一定能建设成一个向善向上的优秀集体。

## 010

**班里有两位女同学非常要好，她们表现出色，加上彼此家离得不远，两家人相处也很愉快，于是这两个同学形影不离，太过要好，以至于和别的同学逐渐产生了隔阂，教师该怎样在不伤害她们友谊的前提下进行教育和引导？**

某些同学趣味相投，相处愉快，极易形成密友，甚至形影不离，守望相助，形成大集体中的“小群体”，也可以称为“非正式群体”。这些“非正式群体”与班级的关系可分为“亲班级型（积极型）”“中间型（逍遥型）”“反班级型（对抗型）”。积极型的非正式群体赞同班级建设目标，积极支持、配合班级工作，例如学习互助小组或兴趣小组之类。但更多的非正式群体以情感为纽带，往往将彼此之间的利益置于集体利益之上，甚至不讲原则，不分是非，导致与大部分同学关系紧张，与大家产生隔阂。因此，班主任要对她们进行适时的教育和引导。

班主任要善于运用教育谋略解决问题，一方面要与她们深入谈心，讲清楚大河与小溪之间的关系，引导她们正确对待集体与伙伴的关系，另一方面将一些班级活动的任务巧妙地交给她们并将她们分别编入其他小组，鼓励她们与别的同学合作，共同完成不同岗位的职责，打乱她们原有的“群体”结构，让她们体会到与不同的伙伴完成任务的成功感觉。如果完成得好，可以及时加以肯定和表扬。打乱她们原有的“群体”结构并非破坏她们正常的友谊，而是引导她们从狭隘的圈子中走出来，向“积极型”转化。

班主任要善于鼓励大家树立一盘棋的整体观念，通过反复引导让大家懂得个人服从集体，小团体服从大集体的道理，就像雷锋同志所说：“一滴水只有放进大海里才能永远不干，一个人只有当他把自己和集体融合一起的时候才能有力量。力量从团结来，智慧从劳动来，行动从思想来，荣誉从集体来。”

## 011

**中午要吃饭了，同学们纷纷开始收拾桌子，突然小浩在洗手时将洗手液不小心滴了一滴到汤桶里，被一个女同学发现了，大声嚷道：“洗手液掉汤里了，有毒！有毒！”但此时已经有一个同学盛了汤并喝了一大口，遇到这种情况教师该怎么办？**

这种情况应该属于突发的校园食品公共卫生安全事件。

“民以食为天，食以安为先。”食品安全关系到每个学生，牵动着每位教师的心，因此学校食品安全是重中之重，格外引人关注。小浩在洗手时将洗手液不小心滴了一滴到汤桶里，被一个女同学发现了，大声嚷道：“洗手液掉汤里了，有毒！有毒！”但此时已经有一个同学盛了汤并喝了一大口。遇到这种情况教师首先要本着“以人为本，生命至上”的原则预防食品安全事故的发生，控制食品，把已经被洗手液污染的汤桶及时撤换下来，禁止让其他同学食用；同时立刻联系食堂和后勤人员及时更换，保证同学们及时正常进餐。

对于已经不小心食入了不洁食品的同学，教师应该做出迅速反应，一方面做好集体安抚工作，稳定住大家的情绪，保持镇定不慌张、不扩散；同时把已经喝汤的同学带到保健室就医，持续观察学生的后续情况。一般来说，喝了微量洗手液污染的汤是不会发生大问题的。洗手液有微酸性的、微碱性的，一般不会对身体造成大的损害，不要过于紧张。只喝了一口，对身体没有多大影响，多喝点水稀释稀释就没事儿了，况且只有一滴还是已经溶解到汤桶里了。如果学生有反应，可以用刺激咽部的方法进行催吐，或者多喝水来促进排泄，注意观察情况；如果反应较大，应尽快到医院进行洗胃治疗。最重要的是在第一时间做好喝汤孩子情绪的疏导工作，密切关注该学生的情绪和身体变化。注意，无论是对喝汤学生个别安抚还是到校医室就医都不要耽搁太久，没有大碍应叫学生尽快返回班中，以免造成班内人心惶惶的混乱局面。

与此同时，班主任应与学生家长及时取得联系，如实说明情况，特别是强调已经采取的措施，争取家长的配合和谅解。

处理完上述事情之后，教师要找合适的时机通过班会等形式对全班同学进行安全教育，引导大家讨论偶发事件及采取的措施。如洗手液要远离就餐的食物，餐前洗手正确有序，发生突然情况时不要惊慌，更不能随便乱嚷“有毒，有毒”之类的话……普及科学知识，传授科学方法，防止粗心大意，保证食品安全，防范在先，警惕在前，努力做到警于思，合于规，慎于行，树立高度的安全意识，人人讲安全，时时讲安全，事事讲安全，筑起生命的安全长城。

# 012

**班里出现了三个学生自发组织的小团体，一个是记者团，一个是文工团，一个是战友团，而且还不断吸纳其他同学参加。面对小团体的出现，班主任该如何对待？**

小学生在与同学交往的过程中会逐步发现在兴趣爱好、活动方式、基本评价等方面相同的对象，逐渐形成较为稳定的合作意向，彼此情趣相投，于是自发结社，形成小团体，这是学生在社会化过程中出现的正常现象。只要引导得法，可以促进他们相互学习，取长补短，吸收同伴经验，学习交往技能，提升综合能力。

学校是社会的组成部分，在学校里在班级内出现小团体，是社会对学生潜移默化施加的影响，也是学生不自觉地适应社会的本能反应，对此班主任老师应根据实际情况，采取不同策略，积极进行引导和指导。

现在的学生大部分是独生子女，即使是家中两个孩子，长期生活在都市里的他们，随着年龄的逐渐增长，自主意识逐渐增强，主动与他人沟通的欲望会不断增强。他们需要与同伴交流，更需要养成与他人共同协作的能力，所以当班级内出现生活习惯、性格特征、兴趣爱好等方面一致的学生逐渐自觉形成积极向上的小团体时，班主任应给予肯定和提倡，鼓励他们相互关心，相互促进和相互协作。某班起初有两个男生对背诵古诗词特别感兴趣，通过几次在班级中展示，渐渐吸引了其他同学，于是六七个男生自发形成了古诗词社团，团长负责组织，副团长协调落实，《木兰辞》《滕王阁序》《梦游天姥吟留别》《前赤壁赋》……这些学生把喜爱的文学佳作抑扬顿挫、慷慨激情地加以朗诵和传播，引起了同学们的羡慕，得到了热烈的响应，激发了同学们对于古诗词的热爱，让诵读经典在班内蔚然成风。由于班主任的及时引导，他们慢慢地已不满足于背诵，开启了古诗词欣赏讲座，讲述者意气风发、儒生雅气、畅快淋漓，倾听者如痴如醉、入脑入心，用实际行动践行了对传统文化的传承，感染了全班同学，为班集体形成优良学风发挥了积极作用。

班主任要做小团体发展的助推者，有意识地为同学们搭建成长平台，正确引导，使学生的团体意识与集体观念发展方向一致，产生效益一致，形成有特色的班级文化。

“物以类聚，人以群分。”每个学生都想在内心深处找到自己的归属，因此也不乏出现消极小团体的可能，班主任要引起警惕，把教育做到前面，把引导做到实处。通过各种渠道，认真了解和分析这类小团体的性质和成员特点，细心把脉，对症下药，针对性地采取疏导的方法，逐步化解不良因素，把小团体融入大集体中去。

## 013

### 如何做到养成教育抓反复，反复抓？

著名教育家叶圣陶先生说过：“什么是教育？简单一句话，就是要养成习惯。”爱因斯坦说：“什么是教育？当你把受过的教育都忘记了，剩下的就是教育。”什么是忘不掉的？就是习惯。

小学阶段是培养品德习惯和学习习惯的黄金时期，所以教师要高度重视学生良好习惯的培养，将养成教育作为班主任工作的重中之重。

习惯是习以为常的行为，是一种稳定的自动化的行为，是经过反复练习而养成的语言、行为、思维等生活方式，它是人们头脑中所建立起来的一系列的条件反射。

俄罗斯教育家乌申斯基曾说：“好习惯是人在神经系统中存放的资本，这个资本会不断地增长，一个人毕生都可以享用它的利息。”可见，良好的习惯会让人受益终身。习惯的培养可以通过一些具体而又有可操作性的方法来实现，如提高学生的认识，明确行为规范，适时进行榜样教育，坚持不懈的行为训练，及时评估和奖惩等。其中，通过坚持不懈的行为训练，让学生由被动到主动再到自动，从而养成好习惯非常重要。美国的心理学家研究发现，初步养成一个习惯需要21天，而形成一个稳定的习惯需要90天，就是说，一个习惯的形成，一定是一种动作或行为能够持续一段时间，不同的行为习惯形成的时间可能不尽相同，但坚持的时间越长习惯越巩固。

在教育中，教师抓什么学生就会有什么。培养习惯贵在坚持，开始的一个月是关键时期，过了这一个月，学生就能养成初步的习惯，但这也并不代表学生已经固化了这一习惯。比如培养学生课前准备的习惯，就可以通过系列方法进行训练，讲清道理，明确意义，制订班规，严格要求，反复演练，认真检查，树立典型，及时纠偏，绝大多数同学都会形成良好习惯。接下来需要长期坚持，反复提醒，将个别纠正与全员培训结合起来，抓反复，反复抓，久久为功。

## 014

**作为新接班的班主任，如何迅速了解班里学生的基本情况？**

新接班的班主任要迅速了解班里学生的基本情况，做到心中有数，才能把握教育的主动权，做好班级工作。

第一，要与学生尽快建立互信关系，第一时间了解学生诉求。想要快速了解学生情况，首先要记住每一个学生的名字。采取点名的方式虽然可以认识学生，但是这种方式学生较为被动，班主任可以采取更为民主和活泼的方式。如召开班会请学生逐一走上讲台进行自我介绍，还可以让学生展示才艺，表达愿望，借此机会，不但可以迅速记住学生姓名，而且还可以观察学生的综合表现和基本素质。学生与老师之间只有形成良性沟通，才能在沟通中孕育信任，增进理解。面对性格迥异的学生，班主任要采取不同的沟通方式，借鉴不同的经验，掌握不同的技巧，走进学生的心灵深处。

第二，班主任要充分尊重学生，建立起平等的师生关系，尤其是面对不同性格类型的学生，要采取因材施教的方式，聆听学生的心声，积极主动地开展工作。

第三，班主任要重视班干部队伍建设，借助骨干力量，尽快形成班级凝聚力。

第四，班主任要通过各种方式进行家访，与家长建立经常性的联系，了解学生的家庭基本情况和成长经过，特别要注意倾听家长对于孩子的介绍和对学校的期望，同时向家长宣传自己的教育理念。

班主任了解学生时要谨言慎行，对学生充满人性关怀，让自己的每一个举动都能传递出大爱，通过一件件小事的处理，赢得一颗颗同学的心，也得到一个个家长的认可，班级工作就好开展了。

## 015

**新学期开学后，教师该怎样指导学生制订切合自己特点的计划，并能够持之以恒地去完成？**

每学期开学后，很多学生都会给自己制订新学期的学习计划，有的学科老师也会建议学生制订学习计划，这个做法非常好。俗话说“凡事预则立，不预则废”，足见做事有计划的重要性。但往往是学生的计划制订得很好，却难坚持完成。

教师要坚持提前指导，提出建议。态度决定一切，细节决定成败。一个好的学习计划，需要量身打造，切合实际。学生对待学习的态度各不相同，状态也大不相同，大致可分为“主动型（优等生）”“完成型（中等生）”“被动型（学困生）”，所以在制订计划时老师可以根据他们各自的特点给出合理化的建议，让其结合自身特点去制订学习计划，不能一个模式大家用，更不能一刀切。

学习主动型的学生学习成绩较好，能够轻松完成作业，学习自觉性强。可以建议他们在计划中适当增添一些内容，扩大知识储备，进行研学探究，多读书，进行拓展式的学习。学习完成型的学生大多比较听话，学习成绩较好或一般，能按要求完成老师布置的学习任务，但学习的主动性不够。可以建议这些学生在计划中明确学习目标，安排学习进度，促使他们按部就班、循序渐进地学习，不断增强学习的主动性。学习被动型的学生一般成绩不够理想，教师要帮助他们找出原因，查明根源，在学习计划中对症下药，学习习惯不好的要加强养成教育要求，学习基础不够扎实的要增强补习内容，同时在计划中强调自理与自励。总之，教师教育学生要讲究“因材施教”，制订计划也应实行“因人定策”。

计划制订后关键在落实，通过行之有效的手段督促学生持之以恒地去完成，养成自理自立的好习惯。可以建议学生在计划后加上“完成情况统计表”，用打卡的形式检查计划的完成情况。每日（周）的学习计划完成后画个√，没有完成的画个 ×，把统计表贴在家中醒目的位置时刻提醒自己。一个好习惯的养成需要 21 天，一个学习计划的实施也需要不断的坚持，“完成情况统计表”就是帮助学生坚持完成计划的好助手。

教师可以在学期中召开学习计划完成情况交流会，让学生对自己的学习计划进行小结，进行分析，检验成果，树立信心。同时也可以不换频道只作微调，大家相互交流，共同分享好的经验和方法。期末还可以结合自己计划的完成情况进行总结，查漏补缺，为新学期做好准备。

## 016

**班级里开展小组量化评比，组长根据同学们每天的表现进行打分。牛牛总被扣分，于是私下找组长网开一面。小丽作为组长坚持原则，一视同仁。因此牛牛与小丽结了怨，时常在背后说小丽坏话，并通过送礼物的方式拉拢其他同学，下次不选小丽当组长。作为班主任该怎么办？**

在这个案例中，我们可以注意这样几个关键词：牛牛“总被扣分”，说明牛牛经常违反纪律，遭到差评，应该属于表现较差的学生。他私下找组长求她“网开一面”，除了说明他有量化评比可以走后门、求通融的错误认识外，还有爱面子、怕丢人的羞耻心。小丽“坚持原则”说明她履行了岗位职责，坚持了工作原则。牛牛“拉拢同学”伺机挟嫌报复，反映出牛牛认识不到自己的错误，亟待教育引导。因此，教育的重点是牛牛，教育的关键是帮助他树立正确的荣辱观。

首先，要对牛牛进行规则教育。我国有句古话：“没有规矩不成方圆”。对国家、对社会来说，这规矩就是法律和法规；对集体、对个人来说，这规矩就是纪律和制度。作为国家公民和社会成员，人人都要遵守法纪。学生作为班级的一员，集体的小主人，应该知法、懂法、守法，绝对不能损害他人和集体的利益。只有从小养成遵章守则的好习惯，长大后才能成为遵纪守法的好公民。

规则是什么？规则是指规定出来供大家共同遵守的制度或章程。规则可以是由书面形式规定的成文条例；也可以是约定俗成，流传下来的不成文规定。少先队的《章程》和教育部制定的《小学生守则》《小学生日常行为规范》就是规则。人是离不开规则的。人不能想干什么就干什么，遵章守则最重要的是自律，是在没有人现场监督的情况下，通过自己要求自己，变被动为主动，自觉地遵循法度，约束自己的言行。

其次，要对牛牛进行道德教育。要耐心引导牛牛做出道德判断，正确认识自己的问题，鼓励他通过改善自身行为赢得评比，而不是通过采用不正当手段走后门修改评比结果，那样做其结果只能是对自己放任不管，给班级助长不正之风，害人害己。

改变牛牛不但需要教师的悉心教导，还需要集体的力量和家长的配合。班主任可以请班级中表现好的同学与牛牛结对子，手拉手，一帮一，共同进步。也可以请小丽带领小组的同学和牛牛交朋友，组成帮扶小组，帮助牛牛改善日常表现。

苏霍姆林斯基说："教育的效果取决于学校家庭的一致性，如果没有这种一致性，学校的教学、教育就会像纸做的房子一样倒塌下来。"班主任要同牛牛的家长取得联系，介绍牛牛在学校的表现，肯定优点，指出不足，与家长共同寻找原因，共同采取措施，形成教育合力。

## 017

**疫情期间，消杀物资成了紧俏商品、稀缺资源，班里的同学也热议起来，有的认为这可是发大财的机会，有的说应该想办法弄一些捐给疫情严重的地方，面对这种情况班主任该如何引导？**

一场突如其来的新型冠状病毒疫情，打乱了人们的生活节奏，也让人们暴露出灵魂深处的道德素养。口罩脱销、医用酒精紧张、消毒液供不应求……这种现象引起了同学们的热议，大家众说纷纭，不同看法折射出学生不同的价值观。作为班主任，应该敏锐地注意到这种议论背后暴露出来的问题，把握时机，深入进行社会主义核心价值观的教育，引导舆论导向。

班主任可以通过班队会发动学生寻找资料，整合信息，深入讨论，通过科学的知识普及、翔实的数据事例让学生认识疫情防控的重要性，认识疫情中折射出来的人性问题，认识疫情就是一面镜子，既能反映出人们的正直、坚强、无畏、忠诚和大爱，也会看到恐惧、自私和道德沦丧。灾难面前，人性尽显。有人面对疫情囤积医疗物资，生产伪劣口罩，借着灾难大发横财，干着丧尽天良的无耻勾当。但是更多的人勇敢无畏，大爱无疆，他们逆行而上，穿着防护服和尿不湿与病魔斗争在第一线，他们作为志愿者驰援疫区，免费送蔬菜、送粮食、送防护用品，彰显出人性的光辉，体现了中华民族守望相助的崇高品德。通过鲜明的对比，让学生明白什么是见利忘义，什么是公而忘私，从而找到榜样，达成共识，用实际行动致敬坚守岗位的建设者、救死扶伤的逆行者、挺身而出的志愿者！

## 018

**下课后教学楼的楼道上挤满了学生，有的勾肩搭背，有的说笑打闹，有的逆向而行，班主任应该如何进行教育？**

创建文明校园是学校全体师生共同的奋斗目标，遵守校内秩序、维护校园安全是所有师生应尽的义务。

课间是学生放松、休息的时候，大家在楼道里活动和行走，通常情况下畅通无阻，但是，一些同学勾肩搭背，说笑打闹，甚至逆向而行，拥挤不堪，则最容易造成踩踏等安全事故，酿成严重后果。班主任要对此高度重视，进行遵守秩序文明礼让的教育，防患于未然。

先要教育学生树立规则意识，增强安全观念。什么是安全？安全是指没有受到威胁，没有危险、危害和损失。什么是校园安全？是指校园内和校园周边师生没有受到威胁，没有危险、危害和损失。这里有两个特殊，一是地点特殊，校园和周边；二是人员特殊，指的是校园师生。增强校园安全，首先要有安全意识，牢固树立安全观念。

安全思想是校园安全的基础。没有安全思想，就会使安全失去动力，缺乏后劲，流于形式。对学校、对个人树牢安全思想都是第一位的。树牢安全思想，要学会“多想一步”。安全事故往往是一连串的失误造成的结果，我们只要在每一个环节上用足功夫，就能阻止它的发生，我们每个人都不要做事后诸葛亮。

树牢安全思想，教师处于主导地位，要掌握安全教育的主动权。了解学生，了解楼道内的混乱，了解校园存在的安全隐患，时刻保持警惕，才能有的放矢地开展安全教育，达到事半功倍的效果。

有了牢固的安全思想认识，就要实实在在、扎扎实实地工作，安全教育不能说说而已，喊喊口号，重点要抓落实。经过长期的教育实践，学校已经形成了比较完善的规章制度。如果我们认真执行规章制度，不走样、不变形，就可以避免事故的发生。制度落实要横到边、纵到底，不留死角隐患。道理要讲透，措施要到位，工作要做够。班主任要和家长取得密切联系，善于运用各种手段进行安全教育，发挥好新传媒传播快、影响广的优势，通过微信群宣传安全知识、安全提示，引起家长重视，求得家长配合，要始终扭住家庭教育这个管根基、保长远的龙头。

实施安全教育要立足全体，区分对待，一把钥匙开一把锁。对重点人群、重点对象进行针对性的教育，可以开展“我是安全小主人”的活动，可以设立安全监督岗，可以组织红领巾安全督察队，可以设立楼道安全评比奖励机制，可以评选安全之星……做到防微杜渐，未雨绸缪。总之，安全教育要做到抓铁有痕，久久为功，让学生做到教室里，轻轻走；走廊上，慢慢走；转弯口，减速走；上下楼梯靠右走，看前顾后不拥挤。

## 019

**班里有的学生过生日时给每个同学送小礼物，还邀请要好的伙伴一起聚会，被邀请的同学往往会精心选购生日礼物，学生的家长也往往会在酒店或肯德基快餐店等处安排热闹的生日聚会，久而久之此风愈演愈烈，作为班主任针对此现象该做些什么？**

近年来，为了体现生日的仪式感，满足虚荣心，不少同学会互送礼物、举办生日聚会。生日本是成长过程中的美好回忆，却在一年一度的攀比中变了味道，甚至成为一种表演、一种奢侈。你送一百块钱的礼物，那我就送两百块钱的礼品；你请大家在快餐店吃饭，那我就请大家在高档酒店聚会。一次生日聚会，动辄花费几千甚至上万元，浪费了钱财不说，也让学生养成了铺张浪费、盲目攀比的坏毛病。久而久之，生日聚会竟成为一种不良习气。不想办或者办不起的学生被视为“土包子”“小气鬼”，家长怕孩子在同学面前抬不起头来，只好咬紧牙满足孩子的要求。更糟糕的是，这种风气还可能蔓延到其他方面，从吃喝穿戴到住房出行，导致有的学生热衷于耐克、阿迪达斯等时尚品牌，炫耀着自己的苹果手机……这种现象应当引起班主任的高度重视，认真加以教育。

勤俭节约是中华民族的传统美德，是我们的传家宝。古人云：“俭，德之共也；侈，恶之大也。”“历览前贤国与家，成由勤俭破由奢。”小到一个人、一个家庭，大到一个国家，甚至整个世界，要想生存，要想发展，都离不开勤俭节约。诸葛亮把“静以修身，俭以养德”作为修身之道；朱子将“一粥一饭，当思来之不易；半丝半缕，恒念物力维艰"当作齐家的训言；毛泽东以"厉行节约，勤俭建国"为"治国"的方针。建设中国特色的社会主义，浪费也是一种腐败。只有形成"铺张浪费可耻，勤俭节约光荣"的社会风尚，而且从少年儿童抓起，才能实现国富民强的宏伟目标。

班主任可以通过开展"五小活动"进行教育引导：一是小思考，发动学生寻找艰苦朴素、勤俭节约的榜样，尤其是身边的榜样，启发大家想一想香港大富豪李嘉诚为什么说："要我马上拿出一个亿，我面不改色。但谁在地上丢一分钱，我会立即捡起来。"二是小访谈，号召学生仔细观察自己的爸爸妈妈、爷爷奶奶、姥姥姥爷是怎样过日子的，认真采访他们，请他们谈谈自己的童年生活、工作的辛苦和日常如何过日子。三是小考察，组织同学们组成若干小组，开展"我们的零花钱都到哪里去了？""我们的生日怎样过的？花了多少钱？"把考察的结果写出来，看看这些零花钱用对了没有？看看过生日花的钱值不值？四是小展示，大家把自己过生日的情况说一说，把自己的生日消费情况摆一摆，把自己喜欢的过生日的方式讲一讲，再看一看父母上班的辛苦，和穷困地区的同龄人比一比。五是小竞赛。

过生日本身无可厚非，但这绝不能成为铺张浪费的理由，由班委会向大家发出倡议，比一比谁的生日过得更有意义？谁的生日获得的祝福充满正能量？谁的生日收到的礼物最有情意？谁的生日给家长带来的负担最轻，而回馈父母的方式最好？号召大家给过生日的同学亲手制作贺卡，让学生理解"生日"的真正意义。同时，也引导同学们懂得"谁言寸草心，报得三春晖"的道理，在生日这天可以给爸爸妈妈写封信，说说自己的心里话，感谢他们的养育之恩。

班主任可以利用家长会或其他方式做好家校沟通，形成教育合力，要求家长掌握科学的教育方法，合理地满足孩子的物质要求，培养孩子勤俭节约的美德。

## 020

**二年级学生参加学科实践活动时会自己买水或饮料，有些学生花钱大手大脚，买东西不问价格直接付费，有的同学用手机微信支付，花销更大，针对这些情况，该怎样教育学生树立正确的消费观念？**

学生任意消费，大手大脚的现象不容忽视，需要学校教育与家庭教育紧密配合才能得到改变。

学生的零用钱来自家长，特别是父母。现在很多学生的家庭经济条件都很好，对孩子的零花钱不加节制，要多少给多少，甚至不要也给，要少给多，但对于如何消费，是否能合理消费却很少过问，促使孩子养成了花钱不心疼、消费不合理的状况，养成了奢侈浪费的坏习惯物，变得自私自利，不知道珍惜劳动成果，不懂得孝顺父母，不知道自己的责任和付出。

学生拥有零花钱，是一个普遍的现象。很多学生家长对孩子用钱有控制，但缺乏对孩子进行如何支配金钱的引导教育。教师应加强教育力度，引导学生认识勤俭的道理，制造节俭氛围，开展有益活动，培养吃苦精神，组织同学多参加公益劳动，体会劳动的滋味，使学生认识到金钱来之不易。同时，要积极取得家长的配合，要求他们不随便给孩子零花钱，即便给也要有所节制，而且要认真查问零花钱的使用情况，养成孩子不乱花钱的习惯。教师和家长要对学生进行适当的理财教育，让学生不但要懂得消费，还要懂得节约，学会理财，学会怎样管理零花钱，加强消费监督，重视消费教育，教会学生储蓄，同时，动员家长给孩子树立榜样，做好言传身教。

第七章

# 家校共育

001

## 教师应如何动员家长配合学校做好防疫常态化的教育？

根据国家卫健委和北京市防控办的要求，学校常态化疫情防控正在有序进行，教师尤其是班主任要动员家长紧密配合学校，做好学生的防疫工作。

首先要建立有效畅通的家校联系，稳固各项健康监测和防疫防控措施，重点加强防疫教育、安全教育，缓解家长焦虑，解决家长忧虑，使其相信学校的防控能力，支持学校的防控工作。

尽管我国防控形势趋稳向好，但境外疫情流行继续加速，国内个别地区疫情有所反弹，需提升“外防输入、内防反弹”的意识，把防控工作放在首要位置，按照学校要求防控。

班主任要向家长介绍加强校园及教育教学管理的措施，了解校园防疫标准，理解各项防疫制度，坚持科学佩戴口罩，督促学生严格落实手卫生措施，讲究个人卫生，及时报告健康状况。

家长要配合学校实行的校园相对封闭式管理、错时上下学、划定 1 米等候线等方式，接送学生避免人员聚集。家长与教师联系需遵守相关规定，尽量采取线上方式。

家长要支持学校安排好的教育教学活动，督促学生按时完成作业，优化教育方法，加强体育锻炼，带领孩子外出时要遵守相关规定。

家长要保证孩子的各项防疫用品，重点做好体温检测、日常消毒，以及口罩储备，做好家庭环境消杀，每天开窗通风，孩子身体异常要早发现、早治疗并及时告知学校，确保防控有效。同时加强对孩子心理状况的观察，做好心理疏导。

学校要教育引导学生和家长在疫情常态化防控形势下减少外出，减少聚餐聚会。鼓励家长自驾车接送孩子，在指定位置接送后快速离开。学生乘坐公共交通工具，要做好个人防护。

## 002

**家长会是家校沟通的有效方式，有的家长提出学校每次开家长会都临近期末，对了解孩子在校情况，特别是学习情况不利，教师该如何答复？**

苏联著名教育家苏霍姆林斯基说：没有家庭教育的学校教育和没有学校教育的家庭教育，都不可能完成培养人这一极其细致和复杂的任务。

家长会是家长与老师沟通、交流的重要形式。家长会不仅能够让家长了解孩子在学校方方面面的表现，同时也能够了解孩子所在班级的整体情况、教师的教育理念和方法、学校的各项规定、教育要求以及教育成果等。可以说，家长会是家校密切联系、相互沟通的重要载体，对促进家校和谐教育具有重要意义。

对教师而言，家长积极参加家长会说明家庭重视学生成长、关注学生发展，是对学校对老师教育工作的支持和配合，可以鼓舞和增强老师的责任感、使命感。同时也是教师借此机会了解学生在家庭中的表现、了解学生家庭教育环境的宝贵机会。对家长来说，家长会是参与学校教育改革，密切与老师接触的重要时机，能够系统了解学校的办学理念、教育要求、相关规定以及班主任的带班方略、班级情况以及自己孩子各方面的具体表现，能够了解教师对教育的建议，和教师携手同心立德树人。

家长会通常在学期即将结束，期末复习前举行。这个时间点的选择很有讲究，开学后通过几个月的时间形成了学生调整自己，努力改变的过程，也形成了教师对学生在思想品德、学业表现、人际交往、班级活动等不同方面的客观评价，能够向家长提出可行性建议。

期末召开家长会，有利于家校双方达成共识，共同面对即将到来的期末考试和假期，有针对性地进行教育。

家长会只是家校沟通、家校共育的手段之一。一次家长会无论在何时召开，也不可能解决所有的教育问题。家长会虽然有自身的优势，但是由于家长职业分散，岗位各异，召集不易，具有一定的教育滞后性。因此，除家长会以外，家访、校访、微信、电话沟通都是及时和老师沟通、了解孩子方方面面情况的有效手段。

003

**家长微信群已经逐渐成为班级信息交流平台，作为班主任该如何通过微信群与家长进行有效沟通，形成家校教育合力?**

通过微信群与家长进行有效沟通，达成教育共识，形成教育合力，已经成为信息时代班主任工作的重要手段。在实际工作中，作为班主任应该做到以下几点：

1. 制定群规，明确微信群的作用。国有国法，群有群规，建群之初，教师首先应该在微信群里公布群管理规定，使家长了解入群应遵守的规则。例如规定“不回复”。教师创建通知群的目的在于发布通知，提醒家长一些比较重要的事项，为了避免由于家长回复“收到”等信息造成刷屏，致使其他家长错过，“不用回复信息”这一规则就显得至关重要。另外，为避免错过通知，教师也可以建议家长尽量把通知群置顶、非必要不开启“消息免打扰”模式等。再如规定“不公开讨论”。班级通知群的作用在于普遍告知，因此，如果教师想和某位家长进行沟通，或是家长想向教师了解情况，都应私信进行。公开讨论与其他家长、学生无关的事情，既是对其他家长的干扰，也容易引起扩大化，发生适得其反的作用。教师在群中不能对一些家长进行点名提醒，这是对家长的不尊重，即便是进行点名表扬，也会使没有受到表扬的家长十分尴尬，引起家长的反感或焦虑，不利于家校沟通。有些家长公开在群中呼吁教师给予某位学生帮助、照顾，或对教师的工作公开指手画脚，无端指责，也常常会置教师于尴尬的境地。因此，“通知群”的管理格外重要，其规则需要教师和家长共同遵守，共同维护。

2. 公平公正，倡导微信群正能量。如果说“通知群”的作用是广而告之，协调行动，那么“讨论群”则是和家长交流沟通，达成共识的重要平台。在讨论群中，教师本着公平公正原则介绍学生在校表现，以倡导正能量为基础，分享教育理念和教育方略，进一步提高家校沟通的实效性。在群中可以反映校园生活的美好，比如快乐的课外活动、生动的课堂教学、丰富多彩的班队会……可以让家长感受到孩子的成长，了解教师的教育理念与教育策略，更新家长的教育理念，提升家长的教育水平。一句节日祝福，一个温馨提示，传递着教师的爱与关怀，也增进了家长、学生、教师的情感交流。在群管理中，要避免点名批评、公布成绩、进行排名；注意上传学生在校照片的涉及范围；不能只发布表现优异的学生的照片；发布信息要谨慎，不随意转发网上信息，造成家长不必要的担心等。

3. 虽然教师制订了一定的群规，但在微信群中仍不乏出现一些不和谐的现象。如个别家长把学生在学校中发生的小小争执扩大至微信群中，又如有的家长在群中给孩子请病假，引发其他家长情绪紧张等。这些偶然发生的情况，都需要教师及时关注、睿智应对。无论是哪类突发事件，首先要站在家长的角度思考问题，理解家长为什么这样想、这样做，及时调查，了解事情真相，确定家长反映的是否客观真实，以便确定沟通的策略。教师要以良好的沟通方式，专业的处理方法，获得家长的认可和信任，圆满解决各类群突发情况。总之，班级微信群的管理需要有的放矢，需要老师和家长共同维护，合理利用，发挥家校共育的重要作用。

## 004

**新年快到了，家委会收取了每位学生 20 元钱，给每位任课教师买了一份礼物，放在了传达室，作为班主任面对这种情况该怎么办?**

这个案例涉及两个方面，一是家委会的举动，二是该不该接受家长礼物。班主任处理这类问题时应该要把握好“态度明确，方法得当”的原则。“态度明确”即：作为人民教师，无论从情、理、法的任何角度考虑，都绝对不能接受家长的任何礼物。班主任要不忘初心，牢记使命，守住师德底线，坚持廉洁从教。“方法得当”即：在果断拒绝家长们礼物的同时，不能让家长产生对班主任的负面情绪，更不能让家委会处境尴尬，讲究沟通技巧，巧妙处理问题。

首先，教师要充分表达谢意。家委会想在新年之际用礼物表示对教师的感谢，密切家长与班主任的关系，愿望是好的，要给予充分肯定。班主任在约谈家委会的时候，首先表达对家委会工作的认可与感谢，理解家委会的良苦用心，不能简单直接地表示拒绝，更不能有所怨言，打击家委会工作的热情。

在此基础上，班主任要与家委会分析利害，指出这种方式的不当之处，明确表示教书育人是老师的职责所在，教师会关注每一位学生，家长的理解和支持就是最好的礼物，物质表示反而给老师心理增加负担。老师接受家长的任何礼物都是违反师德要求的，希望家委会向家长们多做工作，解释清楚，同时委托家委会退回礼物。

家委会没有与班主任沟通就擅自收取家长费用，一定程度上给班主任工作带来不良影响，这给班主任敲响了警钟。因此，要明确家委会的职责，使之成为加强家校共育的桥梁，支持班级教育教学工作，协调班主任与家长之间的关系，听取和反馈家长们的问题，为班级建设提出建设性的意见。家委会面向全体家长，组织任何活动要事先征得学校和班主任的同意，活动情况要及时向班主任反馈，便于班主任掌握情况，进行有效指导。

教师要因势利导，合理利用家长资源。每一位家长都想为班级建设和学生成长出一份力，班主任要调动家长的积极性，进行合理有效的开发和利用，汇聚家庭的力量，促进班级建设。班主任可以联手家委会进行调研，鼓励家委会成员率先垂范，主动为教育做实事，动员和吸引全体家长融入班级建设中来，营造群策群力的氛围，促进家校和谐，助力学生发展。

## 005

**某些家长在自己的孩子在学校发生问题时偏听偏信，作为班主任应该怎样和家长交流，取得家长的信任？**

家长在自己的孩子在学校发生问题时偏听偏信，有很大概率是出于对学校、对老师的不信任。

遇到这样的家长，教师应该特别讲究方法，晓之以理，动之以情，展现教育智慧，形成彼此信任。因此，在家长情绪激动、听不进话时要以退为进，避其锋芒，缓解矛盾，反思问题，寻找突破。一味解释，问题反而得不到迅速解决。教师要有胸怀，要有气度，理解和宽容家长的行为，不计较家长的语气和态度，心平气和地与之摆情况，谈问题，找原因，想办法，获取家长的信任。教师的冷静、宽容和大度，往往能让家长意识到自己行为的不妥，使问题得到很好的处理。

学生出现问题，家长偏听偏信，教师应该头脑冷静，既不能居高临下，盛气凌人，处理问题简单粗暴，更不能消极躲避，迎难而退，放弃教育原则。最好的办法是用教师的修养去打动家长，影响家长，用足够的耐心、谦和的细心去感动家长。同时，要讲谋略，注重方法。

孙子说“不战而屈人之兵，善之善者也”，“故上兵伐谋”，应对难缠的家长，交流前要做好两手准备。首先，要把与家长交流时可能会遇到的问题和障碍预想一下，做好一定的心理准备；其次，要把学生的情况了解清楚，掌握学生违纪的真凭实据，手握第一手材料，不能仅凭听说或自己主观判断，这往往不能令家长信服，容易让自己被动。比如学生打架了，就要把事情的起因、经过、结果、主要责任人等调查清楚，跟家长谈话时有理有据。

有些家长之所以让教师感到心烦和无奈，主要是因为教师首先从内心把家长推到了对立面，没有对其心理状况做出准确判断，更没有清醒地认识到他们是自己教育学生的教育资源、有力助手。如果教师能做到和家长坦诚相待，真心交流，共同商量教育学生的方法，那么教育效果一定会事半功倍。

家长素质不同，行事方式各有不同，但从根本上讲，出发点都是关心孩子、爱护孩子，都望子成龙、望女成凤，都希望孩子成长成才，这些出发点和教师相同。家长偏听偏信往往因为爱子心切，所以关键是抓住家长的出发点，有的放矢来开展工作。教师在和家长谈孩子的问题时，要注意技巧，要肯定学生积极向上的一面，尽量让他们相信教师对学生表现的判断和反映是客观公正的，使家长理解教师教育学生的良苦用心，想办法让家长认识到自己的孩子有错，自己在教育孩子方面的差距，变被动为主动。

教师在学生出现问题时，如果有必要在第一时间与家长取得联系，把事情说清楚，能有效防止学生受了批评，为了逃避责任，隐瞒或捏造事实向家长汇报，尽量减少家长误解。这一点非常重要，有些教师往往在学生出现问题后，只是批评学生，忽略了与家长的及时沟通，造成了教育的被动。

综上所述，遇到偏听偏信的家长，教师要做到不争吵，不迁就，不放弃，多一点宽容，多一点真诚，多一点理解，讲究方法，讲究时间，讲究场合，就会有效化解矛盾，形成教育合力。

## 006

**教师发现，有些学生前一天的家庭作业是家长代劳的。学生说是因为自己忙着写课外班作业，导致时间太晚了，所以家长主动帮忙写的。遇到这种情况，教师该怎么办?**

《教育大辞典》中家庭作业的概念是：学生在课外时间独立进行的学习活动，是检测学生是否学会了课上知识点的一种方法。

家庭作业在学生整个学习过程中占据着不可替代的位置。家庭作业的完成，有助于学生们在课后复习、巩固知识，自查学习效果。作业完成得优劣，也能快速、准确地将学生们掌握知识的情况、学习中遇到的难点、学习兴趣点所在等问题反馈给教师，从而帮助其更好地调整后面的教学，优化教学。由此可见，完成家庭作业是每一名学生必要且必须要进行的学习活动。

案例中的学生家庭作业没有自己完成，而是由家长代劳。遇到这种情况，教师要给予足够的重视，首先要找到学生深入了解情况。结合学生的一贯表现，探察家长代劳家庭作业的原因所在，如果是初犯，必定事出有因；如果是经常性的行为，就要提高警惕。可以提出以下问题进行探究，如："你一般放学回家都会如何支配时间？""爸爸妈妈会督促你完成家庭作业吗？""是你求爸爸妈妈代写的作业还是他们主动替你写的作业？" "你怎么看待爸爸妈妈帮你写作业这件事？" "你晚上通常都几点睡觉"……

教师借助这样一些问题，对学生进行深入的调查研究，把情况摸清楚，掌握第一手资料，得出初步判断。接下来就要主动和家长取得联系，通报情况，进行沟通。首先，要耐心听取家长的解释，进一步确定代写作业的原因，然后对症下药，有针对性地与家长约谈，严肃向家长指出无论何种原因，代写家庭作业都是不对的，是对孩子的溺爱。要让家长懂得：爱是伟大的，也是明确的、完整的。溺爱虽然也是爱，但它是畸形的、残缺的。孩子的未来需要爱心造就，然而，有些“爱心”也会葬送孩子的未来。溺爱极容易引发孩子偏执、任性、孤僻、贪图享受、患得患失的个性，很容易把孩子引入歧途。溺爱是拌在蜜糖里的砒霜！

在与家长达成基本共识之后，教师要和家长一起分析具体原因，提出更进一步的建议。如果是学生不愿意完成作业，求爸爸妈妈代写的，请家长严格要求，引导孩子认识家庭作业的重要性，鼓励孩子按时独立完成，培养其良好的学习习惯。要让家长晓得良好学习习惯的养成需要一个长期持续的过程，需要家长持续的关注和督促。如果是学生课余生活过度丰富，紧张到没有时间和精力完成家庭作业，就要引导家长适当减少孩子课外负担，合理分配时间，提高学习效率。老师可以和家长一起为孩子量身制定科学的作息时间表，双方一起督促孩子执行。同时，必须保证孩子足够的锻炼和睡眠时间。

## 007

**一年级的个别同学暴露出一些问题，班主任主动与家长沟通，但家长却为孩子的不当行为寻找各种理由辩护，面对这样的家长该怎么办？**

一年级是学生初步体验学校生活的阶段，是幼小衔接的过渡阶段，是培养良好习惯和学会交往的重要时期。

新生入学之前，家长一般都会帮助孩子提前做好入学准备，包括知识、心理、物质、自我服务能力等方面的准备，这些孩子入学后能较快地适应集体环境。但是也有些家长没有帮助孩子做好入学准备，加之孩子个性很强，导致入学后不能很快适应学校的学习与生活，暴露出一些问题，例如：经常忘记带全学具，上课迟到，课前不能做好准备；规则意识淡薄，自由散漫，上课注意力不集中，小动作较多；不能主动按时完成学习任务，书写不认真，作业潦草；说脏话，与同学打闹甚至欺负同学等。对这些同学，班主任一方面要拿出更多的精力给予教育，在养成教育上下足功夫，而且要抓反复，反复抓；另一方面就是及时与家长取得联系，介绍情况，反映问题，进行沟通。个别学生家长往往会出于对自己孩子的宠爱，不愿意正视教师提出的问题，甚至找出种种理由为孩子的不当行为进行辩护。遇到这样的家长，班主任要有耐心，运用教育智慧，借助科学方法，引导家长与自己取得共识，形成教育合力。班主任可以利用家长会进行培训，介绍自己的带班方略，向家长传授正确的教育理念与方法，强调养成教育的重要意义，介绍学生入学后要遵守的校规校纪和必须做到的行为规范，使家长清晰了解学校对学生的要求，增加理解，走出保护误区。

班主任要指导家长帮助孩子做好入学前准备，尤其是在物质准备、心理准备和自我服务能力方面，锻炼与培养孩子的自理自律能力。同时，明确家长需要配合的事宜，如保证孩子按时入校，养成时间观念；督促孩子每日做好学具准备，带齐个人物品上学，按时完成作业等，培养孩子的集体观念和责任意识等。

在班主任的日常工作中，家校沟通、做好家长工作是一项重要内容。教育是一门艺术，家校沟通更是一门具有独特教育意义的艺术。沟通是人与人之间、人与群体之间感情与思想的传递与反馈，以求达成思想一致。老师与家长进行的沟通，都是为了更好地促进学生的成长与发展，但往往还会存在沟通不畅的情况，这就需要班主任在重视沟通的同时，还要讲究沟通艺术。

沟通前，班主任要做好准备，根据学生平时在校表现，总结出优点和问题所在，梳理平时工作中自己的关注与引导，同时了解学生的家庭情况和家长类型，确定沟通方式、时间和环境以及沟通的关键内容，特别是对家长的希望和要求，要特别准备好向家长传递的教育理念和提出的教育建议，做到沟通有目标、有条理、有准备。切忌一时冲动，情绪化地贸然请家长。

班主任在与家长沟通时态度要端正，介绍情况要客观公正，有理有据；分析问题要合情合理，深入浅出；提出建议要切实可行，注重实效。语气要委婉，语调要亲切，语势要平稳。对于一味护短的家长，不急不躁，真诚相见，表明自己专业的教育立场，讲清楚教育的目的和意义，取得家长的信任，消除沟通的障碍。

班主任与家长是平等的，沟通时不要一言堂。沟通过程中，班主任要多了解，多倾听，多解答。班主任要做好每一次沟通的总结，为后续工作做好准备。

班主任要发挥育人智慧，通过有效的家校沟通，与家长形成合力，共同培养学生良好的行为习惯，帮助他们顺利度过入学适应阶段，开启快乐的学习生活。

## 008

**小力上课总是随便说话，还爱接下茬，经常惹的同学们哈哈大笑，自己却若无其事，多次批评教育后改变不大。教师向家长反映情况，但家长却表示孩子在家很守规矩，而且懂礼貌，认为教师是在小题大做。针对这种情况，班主任应该如何与家长有效沟通？**

从案例反映的问题来看，小力对于自身行为的控制力较差，自我管理有困难，从心理上分析，小力的行为体现出强烈的吸引注意力的意愿。这样的行为往往具有持续性，会反复出现且往往受自身的情绪影响。这种现象的产生与家庭环境有着密切关系，因此，要转化小力的行为，需要家校沟通，共同解决。

教育学家苏霍姆林斯基有句名言：“没有家庭教育的学校教育和没有学校教育的家庭教育都不可能完成培养人这样一个极其细微的任务。”因此，班主任可以通过以下途径实现有效的家校沟通。

在某种教育情境下，有些家长在听到教师反映自己孩子在学校表现较差后潜意识中会将老师摆在自己的对立面，第一反应不是解决问题，而是设法辩护，规避责任。因此，班主任首先要注意态度，平等待人，讲究交流方式，从心理上舒缓家长情绪，瓦解防御心态。

班主任要帮助家长客观看待问题，一般孩子在家较为任性和散漫，到了学校会约束自己，但也会有个别孩子在家可能很听话，到了学校却难以自我约束。家长往往没有注意到自己孩子的这种不良行为，因而认为老师小题大做。班主任要摆事实，讲道理，让家长能够直观感受到学生的在校情况，只要家长认识到问题的客观存在，就奠定了解决问题的基础。没有一位家长不希望自己的孩子更加优秀，受到老师的夸奖和同学的喜爱。因此，在学生的转化上，家长与班主任很容易达成共识——帮助学生养成良好的行为习惯。班主任不但要向家长介绍自己采取的教育措施，而且要协调家长的行动，一起制订教育方案。在此基础上，班主任要与家长保持密切联系，随时沟通情况，交流做法，鼓励学生的改变与进步。

## 009

**四年级某些同学多次不交作业，不是说没带，就是说不会。教师与家长沟通，家长却说每天询问作业情况时，孩子都说已经在校写完了。面对学生两头欺骗的行为，教师该如何与家长联手进行教育？**

四年级学生的身心特点是：各方面发展还不成熟，容易出现偏差。同时，这个阶段也是学生自信心形成的关键时期，学生容易产生紧张情绪，自我调节能力较差，难以释放心理压力。对家长、老师等外部控制的依赖性逐渐减少，但其内部的自控能力又尚未发展起来，还不能有效地调节和控制自己的日常行为，因此，在意志特征上会表现出一种自制力和坚持性下降的趋势。此外，从小学中年级开始，课程的难度较低年级有所增加，许多事情要靠学生自己努力去解决。稍有马虎，学习成绩就有可能下降，再追赶上去需要花费更多的精力。

有关儿童的说谎研究最早是由心理学家皮亚杰提出的，皮亚杰将儿童的认知发展根据儿童的年龄分成四个阶段，分别是：感知运动阶段、前运算阶段、具体运算阶段和形式运算阶段，不同阶段的儿童具有不同的认知发展特征，儿童的欺骗行为则受儿童认知发展的影响。案例中的学生属于具体运算阶段的儿童。皮亚杰认为孩子说谎的时候，他们的主观意图占据的较多，一旦遇到让自己头疼的“麻烦”，为了避免责罚、逃避责任说谎。

班主任要和家长携起手来，共同培养孩子诚实的品质，纠正他们行为上的偏差。

诚实是做人的重要品质。社会和人们都喜欢诚实的人。每个人在别人心目中都有一个信任度，诚实待人会为自己增加信用，说谎或欺骗会丧失信任。诚实是中华民族的美德，诚实也是少先队作风的第一要求。诚实的人才能交到真正的朋友，才能得到大家的帮助。班主任要引导学生明白这些道理，同时要帮助学生从根源上查找学习上遇到的困难，鼓励学生要勇敢面对困难，战胜它，打败它，而不是选择逃避。如果学习上遇到困难可以寻求老师的帮助、同学的帮助，千万不要讳疾忌医。

班主任要和家长进行及时沟通，指导家长对症下药，进行有效的引导指正，让孩子认识到自己的错误，创造诚实守信的家庭环境。

家庭教育非常重要，父母是孩子的第一位老师，父母的一言一行都影响着孩子。特别是处在小学阶段的儿童，是非判断能力还较差，父母必须树立良好的榜样，引导孩子养成良好的品质。父母的影响是一点一滴的，是潜移默化的。家长要通过实际行动表达“我们喜欢诚实的孩子”，与老师紧密配合沟通，共同努力，促进孩子的健康成长。

人的先天素质主要通过遗传获得，故具有遗传性。这种先天素质成为后天素质提高的条件与基础，但就总体而言，人作为人的素质主要不是由先天素质提供的，而是在环境和教育的影响下，通过自身后天的努力而习得的。孔子早就说过：“性相近也，习相远也。”说的是人们之间的先天素质相差不大，后天素质表现之所以相差甚远，取决于环境与教育的影响及个体主观努力的程度。

素质的这一特性要求教师和家长充分认识到先天素质在学生发展中的前提作用，把握儿童先天禀赋的差异性，注意因材施教，最大限度地发挥其潜能。与此同时，应特别重视环境和教育及个体主观努力在学生发展中的重大作用，注重育人环境的优化和育人方法的改善，尤其应在儿童主观能动性的发挥上狠下功夫，努力培养学生良好的行为习惯、健全的身心素质、积极的个性品质及审美情趣，并利用环境和教育的影响力，调动他们的积极性，促使学生养成诚实的品质。

## 010

**学生连续未完成作业，班主任与之谈话并将视频发给家长，家长很不满意，说弄得全家心里很不舒服。教师针对类似情况给家长发视频是对还是错呢？**

学生多次未完成作业，教师把多次教育对话的过程录制下来发给家长，目的是想让家长了解情况，配合教育，却不料招致家长不满，产生逆反情绪，反而弄巧成拙，适得其反。

现代科学技术的进步及信息交流手段的创新使得教师与家长的联系更为快捷，更为具象。表面上看，教师发视频给家长无可厚非，实际上教师却忽略了视频的内容和传播方式可能带来的负面作用。这段视频是教师多次与学生谈话的情景，这种谈话必然是教师主动，学生被动，教师居高临下，学生畏畏缩缩，在画面上极容易给人造成学生弱势挨批的感觉，家长爱子心切，看了当然心里会不舒服，接受不了。

家长和教师都是教育工作者，目标相同，但角色不同，都在孩子成长过程中起着不可替代的作用，应该精诚合作，凝心聚力。教师需要和家长交流，尤其是学生出现问题时，但如何交流，采用何种手段运用什么形式交流大有讲究。

首先，尊重是沟通的前提。在学校里教师在教育中起着主导作用，无论采用何种方式与家长沟通，绝不能给家长落下单纯告状的印象，那不但说明教师的无能，而且极其容易导致家长丧失对教师的信任。因此，一定要讲究时机和形式。学生多次没有按时完成作业，教师多次与其谈话，没有必要发视频，即便发也不一定发谈话的内容。沟通时要注意态度，讲究谈话的技巧。对学生情况的介绍一般不要直截了当，张口就说问题。可以综合介绍学生情况，指出优点，肯定进步，然后点出问题，有理有据，请家长帮助分析原因，提出教育措施，给出家庭配合教育的建议及合理要求，给家长信心，同时争取家长的积极配合。

我们的任务是过河，但没有桥或船就不能过。解决桥和船的问题就是方法问题。方法对了，事半功倍；方法错了，事倍功半。方法是教师教育智慧的体现，更是教师责任心和使命感的体现，因此，教师一定要在教育方法上下功夫，求得家长的积极支持。

## 011

**小伟六年级了，平时特别爱看课外书，但他的妈妈却怕看课外书耽误学习，总是让他多做题。小伟的妈妈请班主任帮忙说服孩子，作为班主任该怎么办？**

这个案例显然是一个需要家校共育的问题。家校共育即家校合作，实质上是联合家庭和学校这两个对学生最具影响的社会机构，通过家庭成员和学校老师相互支持共同努力，对学生进行教育，达到提高学生学习成效的目的。

班主任对家长反映的问题要予以足够的重视。反映即信任。同时，班主任要客观地看待这个问题。学生爱看课外书，其实是好事，学生应该并且必须要拓展课外阅读。但是，家长的担忧也不无道理，毕竟面临小升初，学习压力大，时间较为紧迫，妈妈怕小伟看课外书耽误学习的心情是可以理解的。

客观看待，冷静分析后，班主任应该分别找学生和家长做工作，讲清道理，引导行为，促成和谐教育的形成。

首要的问题是与家长沟通，核心话题是如何面对小升初，科学地给孩子减轻学习负担，促使孩子积极主动地学习。家长不能让小学生成为现代少年“愚公”，书包越来越沉，作业越来越多，整天钻在课本里出不来……越是毕业年级越是累，一天下来疲惫不堪。教育部多次明确提出要求，甚至制定了行业法规，给小学生减轻负担。教师要引导家长正确理解“书山有路勤为径，学海无涯苦作舟”，保护孩子的身心健康，不能持有谁减负谁傻的错误观念。枯燥的学习生活和生硬的管理方式使孩子们不胜其烦，甚至出现逆反心理，学习成绩反而上不去。况且，读课外书也是学习，而且是主动学习，可以扩大知识视野，增加知识储备，陶冶情操，只要时间控制合理，所读的书内容适合，读书方法正确，就应该给予支持和鼓励，甚至可以进行亲子阅读，善加指导，让孩子懂得读书好，读好书，养成好读书的好习惯。

与此同时，教师要通过与学生促膝谈心、开展读书活动等形式指导学生读书。明理笃行，首重读书。因为书是人类进步的阶梯。“鸟欲高飞先振翅，人求上进先读书。”书是人类智慧的结晶，书是人类经验的总结，书是社会生活的反映。别林斯基说过的：“好的书籍是最贵重的珍宝。”而博览好的书籍，就等于拥有了天下最宝贵的财富，可以彻悟人生意义，可以洞晓世事沧桑，可以广济民众，可以步入智慧的殿堂。自古以来，人欲成才，务必读书。只有饱览群书，方可成人成才。

教师要用榜样的力量鼓舞学生读书。英雄少年赖宁酷爱读书，一天下午，邻居袁阿姨下班回家，打开房门，突然看见有人坐在自己的房间里，吓得心怦怦乱跳。仔细一看，原来是赖宁。袁阿姨这才猛地想起，中午上班时，由于走得过于匆忙，竟把专心读书的赖宁锁在了屋里。邻居李阿姨家有一间小书房，赖宁是这间书房的常客。一天，李阿姨对正在看书的赖宁说："赖宁，我要出去办事，你看完书，把门关上就行了。"三小时过去了，李阿姨从外面回来了，看见赖宁仍然坐在原来的地方看书，动都没动过。赖宁每年过生日的时候，爸爸妈妈问他要什么礼物。他总是回答两个字："要书！"随着知识的积累，视野的扩大，赖宁面前的疑问、难题也越来越多。他在日记中怨恨自己"学识粗浅"，决心"四处寻书阅览"。白天，他努力争取在课堂上把所学的知识弄懂，缩短做作业的时间，星期日、节假日，他除了登山，就是到新华书店或图书馆看书，并留下了许多读书笔记。由于勤奋好学，1985年赖宁获得了四川省红领巾读书读报一等奖。

尽管已经进入信息化时代，尽管书的样式发生了许多变化，但读书仍是人们获取知识的重要途径之一。教师要让学生懂得知识就像水库，勤奋读书才能使水库水源充足。在补充知识的同时，知识也在不停地应用或者更新，只有持久地、勤奋地坚持阅读，才能使自己的知识不断丰富。但是开卷有益需要记住三句话，一是读书好，二是读好书，三是好读书。

读书好是说要懂得读书的意义。书籍记载了人类的文明成果，读书是学习知识、传承文明的重要方式，能够让你在极短的时间内，掌握大量的科学文化知识，摆脱愚昧和迷信。读书能帮人们树立正确的世界观、人生观和价值观，通过阅读，能够与先贤们博古通今，能够与文人们谈诗论文，能够从无数正反面的故事中，吸取教训，增长见识，汲取营养，健康成长。读书能开阔视野，畅游古今中外，了解五湖四海，练就广博心胸，树立远大理想。

读书能找到志同道合的朋友，提升自己的综合素质，学会解决问题的方法，让你的气质更加出众。

读好书是说要选择适宜自己读的书，传播正能量的书，基本的标准是思想健康、文笔生动、深入浅出、生动活泼。古今中外的书籍犹如浩瀚的大海，鱼龙混杂，良莠其中。读一本好的书，犹如与一位品德高尚的人交谈，会受到潜移默化的道德熏陶；读一本坏的书，犹如与强盗小偷为伍，会染上劣习改变心性。英国哲学家培根有句名言：“史鉴使人明智，诗歌使人巧慧，数学使人精细，博物使人深沉，伦理使人庄重。”

好读书是说要养成阅读的良好习惯。好习惯陪伴一生。阅读就是一种好习惯。只去读课堂上的书是远远不够的，要博览群书，手不释卷。人的一生就是不断地在学习、研究，活到老，学到老。有人问大科学家爱因斯坦，为什么还要孜孜不倦地读书学习。爱因斯坦找来一支笔、一张纸，在纸上画上一个大圆和一个小圆，说：“在目前情况下，在物理学这个领域里可能我比你懂得略多一些。正如你所知的是这个小圆，我所知的是这个大圆，然而整个物理学知识是无边无际的。对于小圆，它的周长小，即与未知领域的接触面小，它感受到自己的未知少；而大圆与外界接触的周长大，所以更感到自己的未知东西多，会更加努力地去探索。”这话说得多么深刻！因此，为了开阔眼界，增长知识，陶冶性情，提升素质，应该博览群书。

与此同时，还要教育学生处理好四种关系：课堂学习与课外阅读的关系，按时完成作业与业余时间读书的关系，书本知识与实际生活结合的关系，科学读书与行为习惯的关系。如果学生能够处理好上述四种关系，就一定能取得家长的支持，快乐读书，促进学习，全面发展，健康成长！

## 012

**有些学生在班里表现一般，但家长却一再要求班主任表扬自己的孩子，班主任该怎么办呢？**

作为班主任，往往会关注处于两端的学生，即表现优秀和表现较差的学生，对家长的要求感到为难，甚至心里多多少少有些抵触。

在心理学中，正强化的定义是：任何导致我们以后进行该行为的可能性增加的结果。表扬是一种手段，是为了促使学生好好学习，天天向上。科学地使用表扬的手段，可以使教育获得事半功倍的效果。

表扬以增强学生光荣感为目的，必须紧密结合学生的日常学习生活，尊重少年儿童不同成长阶段的认知规律和行为特点，对学生进行儿童化的、逐步深入的多种激励，具体化、常态化、持续化地激发学生光荣感的内生动力。表扬就是要引导学生在追求一个个小目标的过程中实现进步，获得成功。从这个意义上来说，家长的要求并不过分，因为每个学生都处在成长的过程之中，都有自己的闪光点，问题在于教师是否能够及时发现并予以肯定。

因此，教师对学生的表扬应当把握几项基本原则：

——聚焦全面发展。我们的教育方针是培养全面发展的未来事业接班人，因此，班主任的表扬不能总是盯着学习成绩、课堂纪律，应当关注学生德智体美劳各个方面，聚焦政治启蒙和价值观塑造，坚持立德树人、培根铸魂，实现对学生由浅入深、循序渐进的教育引导。

——坚持面向全体。班主任一定要面向全班同学，通过表扬等激励手段，教育引导学生争做新时代好少年。班主任要充分考虑不同学生的发展差异，注重成长激励的普遍性、可行性。

——尊重成长规律。把握学生的教育主体地位，遵循他们的成长认知规律和行为特点，有机结合学生的日常学习和现实表现，通过表扬等激励措施吸引学生主动参与班级文化建设，不断增强他们的集体荣誉感和上进心。

总之，班主任要注重阶梯贯通，用好用足现有的、经过实践检验的、学生普遍认可的、同学广泛受益的激励手段和评价方式，进一步细化分解，做好不同阶段、不同激励方式的相互衔接，促使学生人人有目标、时时有进步。